내 집 좀
구해주세요

내 집 좀 구해주세요

처음 집 구하는 사람을 위한
부동산 전월세 상식 A to Z

김지영 지음

이덴슬리벨

모르면 부동산 계약에서 손해를 볼 확률이 높다

혹시 이 중 하나라도 해당하는 사항이 있는지 찾아보자.

✓ 부동산 = 너무 어렵다고 생각한다.

✓ 부동산 용어가 어색하고 무슨 말인지 모르겠다.

✓ 집 구하려면 무엇부터 해야 하는지 모르겠다.

✓ 계약서 쓸 때 어떤 것을 확인해야 하는지 모르겠다.

✓ 역전세, 보증금 사기가 두렵지만 부동산 중개업소에서 알아서 해줄 것이라 생각한다.

✓ 인터넷에 돌아다니는 정보 중 맞는 것과 틀린 것을 구별하기가 어렵다.

✓ 집주인에게 부당한 일을 당한 적이 있다.

부동산 관련 지식을 왜 알아야 하냐고?

억울해도 세입자는 항상 '을'이지 않냐고?

위와 같이 생각한다면 부동산 계약에서 손해를 볼 확률이 높다.

역전세, 깡통전세, 빌라왕, 건축왕, 보증금 사기…

최근 뉴스에는 세입자를 불안하게 하는 뉴스들이 많이 들려온다. 지금처럼 부동산 가격이 하락하는 시기에는 많은 것이 문제가 된다. 실제로 나는 고객, 친구, 친지, 동료, 지인, 지인의 지인이 억울한 일을 겪거나 평생 모은 재산인 전세보증금, 월세보증금을 날릴 위기에 처하는 모습을 수 없이 봤다. 안타깝게도 그들은 그저 평범하고 선량한 세입자일 뿐이었다.

보증금을 잃는다는 것은 돈을 벌었다가 다시 가난해진다는 뜻이다. 그동안 일구어 놓은 전 재산을 잃는 상실감, 불안함, 괴로움 그 이상을 의미한다. 보증금 사기로 해결책을 찾는 고단함과 수고로움에 비하면 이 책은 쉽고 간단한 세입자 지침서가 될 수 있다고 생각한다.

세입자도 '갑'의 위치에서 협상할 수 있다. 집을 구하고 계약하는 과정에서 호구가 되지 않는 방법도 있다.

방법을 알면 보증금도 지킬 수 있다

"권리 위에 잠자는 자 보호받지 못한다."

이 말은 악한 사람에게 당했을 때 법을 잘 모르고 이용하지 못한다면 아무리 선량한 사람이라도 법적 보호를 받을 수 없다는 뜻이다. 그러니 세입자 스스로 권리를 주장하려면 적어도 중개보조원, 집주인만큼은 알고 있어야 한다. '내 전 재산을 지키겠다'는 마음만 있으면 된다. 과정은

이 책이 알려줄 것이다.

나는 1천 건이 넘는 계약서를 작성하며 수천 명의 의뢰인을 만났다. 전세, 월세, 보증금 등과 관련된 난관 이야기를 수천 번도 넘게 듣고 해결한 경험을 이 책에 고스란히 담았다는 뜻이다. 지금도 많은 분들에게 부동산에 대해 알려주고, 어려움을 해결할 수 있도록 조언을 아끼지 않는다. 누구보다 집 구하는 방법, 계약할 때 조심해야 할 것, 집주인과의 분쟁 해결법 등을 잘 아는 전문가라고 자부한다.

부동산은 스포츠와 같다. 방법을 알고 연습을 반복하면 지지 않기 때문이다. 집 구하는 방법, 계약서 작성도 알고 반복하면 몸에 익어 계속 써먹을 수 있다. 우리 모두 언젠가는 '내 집 마련'을 꿈꾼다. 그렇다면 부동산을 알아야 한다. 보증금을 잃지 않아야 내 집 마련의 기초자산으로 사용할 수 있으니 말이다.

세입자로서 겪는 억울한 일들이 이 책을 읽는 독자의 일이 되지 않기를 소망하며 한 글자, 한 글자 정성을 들여 썼다. 혹시라도 독자들이 '부동산은 역시 어려워', '이해가 안 되네' 생각하며 책을 덮고 포기하지는 않을까 전전긍긍하며, 쉬운 표현과 예시를 고심하며 쓰고 고치기를 반복했다.

이제 절대 손해 보지 않는 세입자가 되어보자!

목 차

세입자 돈 절대 잃지 않는 법

절대 손해보지 않는 세입자의 현명한 대처법

세입자에게 유리한 계약 기간 설계하기

6장 보증금 안전하게 돌려받기

1장

호구 되지 않고
집 구하는 비밀

집 구할 때 반드시
○○○○ 먼저 할 것

발품이 뭔가요?

집 구하는 과정은 어떻게 될까? 집을 구하기 위해 가장 먼저 해야 할 것은 무엇일까? 현재 살고 있는 집 임대인에게 이사하겠다고 말하는 것이 먼저일까, 아니면 이사할 집을 찾는 게 우선일까? 대출 이자를 내며 전세로 사는 것과 월세를 내는 것 중, 당신에게 어떤 것이 더 유리할까? 이사 경험의 유무와 상관없이, 수많은 물음표에 갇혀 무엇부터 해야 할지 막막하다면 집 구하는 과정부터 알아보자.

7 집 구하는 과정

입주
7

계약서 작성
5

자금계획
1

디테일 정하기
3

6
이사준비

2

4

퇴실일 결정   매물 확인

집 구할 때 반드시 '자금 계획'을 먼저 할 것

집을 구할 때는 본인의 예산이 얼마인지 확인해 보고 '자금 계획'을 세우는 것이 가장 우선이다. 퇴실일, 즉 이사 나가는 날을 정해두고 이사할 돈이 부족해 문제가 생기는 경우가 많기 때문이다. 사람마다 자금 상황은 모두 다르다. 운이 좋게도 통장에 목돈이 있어 크게 걱정할 상황이 아니라면 다행이지만, 그게 아니라면 예산과 그에 따른 자금 계획이 꼭 필요하다.

지금 살고 있는 집의 보증금을 돌려받아야만 이사를 할 수 있는 상황이라고 가정해 보자. 내가 이사하는 날짜에 문제없이 보증금을 돌려받아야 할 것이다. 또는 보증금 대출, 신용대출 및 개인 차입금까지 필요한 사항이라면? 입주일에 맞춰 대출이 실행되어야 할 것이다. 오늘 새집으

14

로 이삿짐을 옮겨야 한다. 그런데 보증금 반환이나 대출 실행이 안 된다면, 그래서 이사할 수 없게 된다면? 생각만으로도 심장이 두근거리고 등에서 식은땀이 나는 상황이다.

차차 알아가겠지만, 이사 날짜에 맞추어 돈이 준비되지 않은 것은 그야말로 대형 사고다. 그래서 집을 사서 이사하는 매매 계약은 자금 계획서를 제출하도록 강제하고 있다. 하지만 집을 빌리는 임대차 계약에서는 그렇지 않다. 그러니 집 구하는 과정에 앞서 꼭 나만의 자금 계획서를 만들어 보는 것이 좋다. 돌려받아야 할 보증금이 있는지, 있다면 언제까지 받을 수 있는지 두 번 세 번 확인해야 한다. 더불어 유동성 자금(언제든 통장에서 꺼낼 수 있는 현금), 보증금 대출, 이자와 월세까지 구체적으로 계획해 보고 점검해 보자.

전세보증금대출에서 고려해야 할 2가지가 있다. 첫째는 매월 나가는 이자 비용이다.

 예시1) 전세보증금 2억 원 자금 계획
반환보증금 1억 원 + 전세자금대출 7천만 원 + 적금 3천만 원

전세보증금대출 7천만 원을 이용하고 대출 이자가 4%라면 매년 2백 80만 원의 이자를 내야 한다. 매월 약 23만 3천 원 정도의 대출 이자가 발생하는 것이다. 둘째는 상환 방법, 즉 **대출을 갚는 방법**이다. 여기에는 거치식과 분할 상환 방식이 있다.

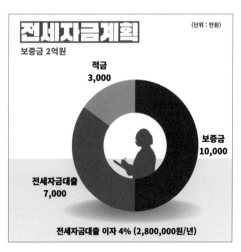

▲ [예시1 전세자금계획 도표]

거치식은 매월 이자만 내면서 살다가 계약 기간이 끝났을 때 집주인에게 보증금을 받아 한꺼번에 대출을 갚는 방법이다. 분할 상환 방식은 매월 이자 + 대출 원금의 일부를 나누어 갚아가는 방식이다. 원금과 이자를 함께 갚아야 하니 월급에서 이자와 대출 원금을 낼 수 있는지 파악해 두자.

 예시2) 월세보증금 3천만 원, 월세 50만 원 자금 계획
· **보증금**: 현금 2천만 원 + 신용 대출 (마이너스 통장) 1천만 원
· **매월 고정비**: 월세 50만 원 + 신용 대출 이자 5만 원 = 55만 원

예시2의 경우, 월세와 신용 대출 이자가 월급에서 매월 지출될 것이다. 신용대출은 보증금 대출보다 금리가 좀 더 높을 수 있다는 사실도 알고 있어야 한다. 마찬가지로 대출 상환은 언제, 어떤 방식으로 할 것인지 계획이 필요하다.

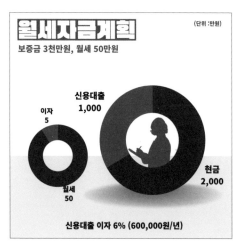

▲ [예시2 월세자금계획 도표]

보증금과 월세 외에도 매월 비용은 발생한다

앞에서 계산해 보았던 월세, 대출 이자 외의 고정 비용도 고려해야 한다. 매월 발생하는 관리비, 공과금, 인터넷 요금 등이다. 만약 금리가 올라가면 대출 비용도 더 들 수 있다. 생각보다 높은 고정 비용이 발생할 수 있으니 자금 계획은 너무 타이트하지 않게 세우는 편이 좋다.

신용대출은 보증금담보대출보다 금리가 높은 편이다. 그러니 가능하다면 금리가 낮은 대출로, 여러 곳을 확인해 보는 것이 유리하다. 일명 '버팀목' 전세자금대출, 중소기업청대출처럼 청년, 신혼부부, 신생아 등에게 금리 혜택을 주는 정책 자금 대출이 많다. 조금이라도 낮은 금리의 대출을 찾는 노력을 기울이자. 최근에는 금리 상승으로 보증금 대출도 부담해야 할 이자가 꽤 높다. 정책 자금 대출이 불가하다면 무리한 보증금 대출을 받을지, 그냥 월세로 이사할지 더 유리한 쪽을 비교해 선택해야 한다.

퇴실일(이사 나오는 날짜) 결정

본가에서 독립하는 경우, 현재 살고 있는 집, 기숙사, 사택에서 이사 나오는 경우 등 많은 상황이 있을 수 있겠다. 퇴실일 결정 과정은 자금 계획과 더불어 가장 중요한 사항이니 집 알아보기에 앞서 확인해 두어야 하는 사항이다. 통상 1~3개월 정도의 시간을 두고 현재 사는 집의 임대인과 퇴실일을 협의하고 결정하게 된다. 현재 사는 집의 보증금을 반환받아야 한다면 만기 2개월 전에는 임대인에게 통보해야 한다.

위치, 주택의 형태, 옵션 디테일 정하기

이사를 준비할 때 직장, 학교의 위치를 기준으로 두고 결정한다. 대중교통, 대형 마트, 병원, 공원, 교육 시설 등이 인접해 있으면 편리한 주거 환경이라고 할 수 있다. 좋은 위치의 집은 수요가 많은 만큼 가격도 비싸다. 다음 세입자도 금방 구해지므로 보증금을 비교적 수월하게 돌려받을 수 있다. 이처럼 위치는 집의 가격에 중요한 영향을 미친다.

반면에 외진 위치의 집이라면 가성비가 좋을 것이다. 다만 치안에 신경 써야 할 수도 있다. 임차 수요가 충분치 않아 새 임차인을 맞이하는 데 시간이 걸릴 수도 있다. 주식, 부동산 투자처럼 임대차에도 출구 전략이 존재한다는 걸 고려하여 결정하자.

나에게 적합한 방과 화장실의 개수, 주택의 형태 등에 대한 가이드라인을 미리 정하면 집을 직접 알아볼 때 훨씬 수월하다. 물론 정해둔 것과 실제 현실이 다를 수 있다. 그때는 조금씩 계획을 수정하면 된다. 몇 명이 살 건지, 아파트, 빌라, 오피스텔 중 어떤 것이 나에게 적합할지 미리 시뮬레이션해 본다. 주택의 형태에 따라 다른 옵션도 중요하다. 이사가 잦은 1인 가구라면 옵션이 포함된 원룸 형태의 다가구주택 또는 오피스텔을 선호할 것이다. 냉장고, 세탁기, 가스레인지, 붙박이장은 물론이고 전자레인지와 TV까지 풀옵션으로 구성되는 경우도 있다. 가전, 가구를 구입해야 하는 비용을 절감해 주고, 살림살이를 매번 옮겨야 하는 번거로움을 덜어줄 수 있다.

가족 구성원이 2명 이상이라면 면적이 큰 아파트, 단독주택, 빌라와 같은 다세대주택이 더 적합할 것이다. 신혼부부나 자녀가 있는 세대는 생활 방식에 맞추어 가전제품과 가구를 준비한다. 자세한 내용은 뒤에서 천천히 알아보자.

허위 광고에
낚이지 않는 방법

과거에는 집을 알아볼 때 동네 부동산 중개업소로 갔다. 그것이 집을 구하는 가장 확실하고 유일한 방법이었다. 말 그대로 발품을 팔아야만 했다. 그러나 지금은 네이버, 직방, 다방 등 온라인을 통해 부동산 매물을 찾아볼 수 있게 되었다. 직접 찾아가지 않아도 손쉽게 매물을 알아볼 수 있게 된 것이다.

참고로 부동산 중개업소, 공인중개사사무소, 부동산 중개법인은 '부동산'을 중개하는 곳이라는 점에서 모두 같은 개념이다. 사실 부동산의 사전적 의미는 '움직일 수 없는 재산'이지만, 현장에서는 중개업소, 중개사무소라는 말보다 '○○부동산'이라는 말을 많이 쓰기도 한다. ○○부동산(공인중개사사무소), ○○부동산(중개업소)이라는 말의 줄임말로 보면 된다. 어쨌든 중개업소라고 하면 우리가 아는 부동산 사무소를 뜻한다고 이해하면 된다.

온라인 광고로 집을 알아봐도 될까?

"이사할 집을 앱으로 알아봐도 될까요?"

직접 부동산 사무실로 가기는 부담스럽다는 속내를 털어놓으며 지후가 물어왔다.

집은 직접 보고 계약해야 하는 특성을 가지고 있다. 하지만 다짜고짜 중개업소를 방문하는 데에 어려움을 느끼는 초보 세입자도 많다. 이럴 때 애플리케이션이나 웹사이트에 올려진 광고로 미리 집을 알아보는 것은 도움이 된다. 광고 매물을 봐 두면 원하는 집의 조건과 시세를 미리 파악할 수 있고, 무엇보다 어떤 집에서 살지 방향을 잡을 수 있다. 그런 후 직접 집을 보고 검증을 하면 된다.

허위 매물 알아보는 법

몇 날 며칠을 애플리케이션과 웹사이트로 집을 알아보던 지후에게 또다시 연락이 왔다. "허위 광고인지 알 수 있는 방법이 있나요? 낚시 매물이 의외로 많아서 집 구하는 게 너무 어려워요."

온라인으로 집을 알아본 후 직접 가 보았더니 없는 매물이었다. 허탕치는 것도 한두 번이지 이제 더는 속고 싶지 않다는 말도 덧붙였다.

실제로 초보 임차인이 허위 매물을 구별하기는 결코 쉽지 않다. 주택의 시세와 조건을 제대로 알기 어렵기 때문이다. 그래서 얼토당토않은 낚시 매물에 현혹된다. 투 룸(방 2개) 사진에 원룸(방 1개) 가격을 매겨 광고하거나, 멋진 인테리어 사진을 저렴한 매물에 입혀 미끼로 활용하기도 한다. 업데이트를 하지 않아 이미 거래되어 존재하지 않는 매물이 임차인들을 헷갈리게 하기도 한다.

나는 지후에게 허위 매물을 피하는 3가지 힌트를 주었다. **첫째, 익숙해질 때까지 매물 광고를 많이 보기.** 초보 세입자들은 부동산에 대해 기초 지식이 부족하고 시세를 잘 알지 못한다. 그래서 반복적으로 집을 고르고 찾아보는 노력이 필요하다. 그러다 보면 살고 싶은 지역의 주택 시세를 가늠할 수 있다. 시세와는 동떨어진 이상한 매물, 같은 주택의 사진인데 서로 다른 금액의 광고, 역세권, 신축, 넓은 면적, 훌륭한 인테리어 등 좋은 말은 다 적혀 있는데 인근 지역의 매물과 비교해 현저히 낮은 금액. 이런 이상한 매물이라면 허위 광고인지 의심해 보아야 한다. 미끼 매물일 가능성이 굉장히 높기 때문이다. 한 개의 같은 매물을 여러 중개업소에서 동시에 광고하기 때문에 계속 보다 보면 이상한 점을 포착할 수 있다.

둘째, 직접 전화를 걸어 판단하기. 전화를 걸어 광고로 본 매물이 있는지, 그리고 집을 직접 볼 수 있는지 물어본다. 반드시 이(this) 집을 보러 간다고 강조하자. 그리고 그 매물에 대해 아주 자세히 꼬치꼬치 물어본다. 누가, 언제, 어떻게, 왜 내놓은 집인지, 어디에 있는 집인지 말이다. 만약 집을 보러 갔는데 없는 매물이라면 굉장히 언짢을 수 있음을 이야기하자. 혹시 허위 매물이라 켕긴다면 계약된 매물, 지금은 없는 매물이라고 솔직하게 고백할 수도 있다.

셋째, 거래되었지만 업데이트 하지 않아 광고로 남아있는 매물 확인하기.
국토교통부 실거래가 공개시스템(http://rt.molit.go.kr/)을 활용하면 바로 확인
할 수 있다. 아파트, 연립, 다세대, 오피스텔은 동, 층, 실거래 금액까지
확인이 가능하다.

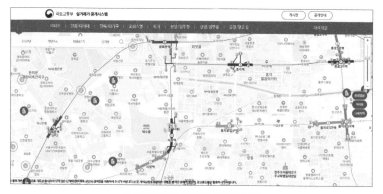

▲ [국토교통부 실거래가 공개시스템]

일반적으로 유명 포털사이트에서는 자체 클린센터를 운영하고 있다.
허위 광고로 신고된 횟수가 누적될 경우 광고를 못 올리게 하는 등 제재
가 있다. 그러므로 불이익을 받지 않도록 공인중개사들도 주의를 기울여
광고한다. 하지만 지금까지도 일부 플랫폼 업체들은 허위 광고에 대한
제재가 없으니 스스로 주의를 기울여야 한다.

이렇게 다양한 애플리케이션, 포털사이트, 실거래 사례를 반복하여
확인하는 경험을 많이 가질수록 허위 매물을 가려낼 안목이 생긴다.

국토교통부에서는 2020년 8월 21일부터 임대인이 의뢰하지 않은 매물, 광고의 내용이 실제와 현저히 차이가 나는 경우 등 허위, 과장 광고에 대해 5백만 원 이하의 과태료를 부과하는 법을 시행했다. 가격, 입지, 생활 여건 등 수요자의 선택에 큰 영향을 미치는 내용을 은폐, 축소하는 것도 위법한 광고로 규정한다. 법 시행 이후 허위 광고의 수는 실제로 많이 줄어들었다. 호구가 될까 봐 너무 걱정하지 말자. 아는 만큼 보인다고 하지 않던가. 관심을 갖고 주의를 기울여 보자.

좋은 매물은 어떻게 찾을 수 있을까?

매물 학습을 통해 안목을 길렀다면, 이제 좋은 매물을 찾아야 한다. 사실 좋은 매물을 온라인으로 100% 찾아내기가 쉽지 않다. 이것이 부동산의 특성이다. 그래서 반드시 발품이라는 과정이 있어야 한다. 발품에 대한 내용은 '1-5. 발품 팔 때 반드시 체크해야 할 7가지' 챕터에서 같이 알아보자.

참고로, 공인중개사들은 최고로 좋은 매물은 광고하지 않는다. 왜일까? 누가 봐도 좋은 매물은 빛의 속도로 계약이 되기 때문이다. '최고의 좋은 매물이 여기 있어요!'라고 굳이 광고하는 순간 그 공인중개사의 계약 확률은 떨어진다. 굳이 경쟁 업체에 매물의 존재를 알릴 필요가 없다. 그러니 유능한 공인중개사와 좋은 유대 관계를 맺어 두면, 가장 먼저 좋은 집에 입주할 기회를 얻을 수도 있다.

집 보러 갈 때
상담료가 있을까?

집 보러 갈 때마다 돈을 내야 하나요?

결론부터 말하면, 집 볼 때는 돈이 들지 않는다. 계약하기 전까지는 수수료가 전혀 없다. 변호사, 법무사, 세무사, 컨설팅 등과 다르게 공인중개사는 상담만으로 수수료를 청구하지 않는다. 차량을 운전해 여러 채의 집을 보여준다고 비용을 청구하지도 않는다. 대부분의 공인중개사가 돈을 받지 않아도 친절히 상담해 주고 집을 보여 준다. 때때로 돈을 받지 않고도 이사, 계약, 임대인과의 분쟁 해결법 등을 조언해 주기도 한다.

부동산 중개업소를 여러 곳 방문해도 괜찮을까?

많이 받는 질문 중에 이런 것도 있다.

"집을 너무 많이 보여주셨는데, 마음에 드는 게 없어요. 너무 죄송한데, 계약 안하고 그냥 가도 될까요?"

"상담한 중개업소에서 무조건 계약해야 하나요?"

여러 곳을 알아보고 싶은 세입자들에게는 이런 것도 고민이 된다.

부동산 광고를 보고 여러 곳을 방문해도 물론 괜찮다. 거주지 인근 중개업소에 가 봐도 좋다. 우리가 옷, 신발, 화장품 등을 살 때 여러 곳의 점포를 둘러보고 나에게 맞는 것을 선택하지 않는가?

도와준 점원을 뒤로하고 다른 곳으로 발길을 옮길 때 미안한 마음이 든다. 그렇지만 미안한 마음 때문에 나에게 적합하지 않은 물건을 살 수는 없다. 부동산 중개업소도 마찬가지이다. 2~3곳을 비교해 보고 선택하길 바란다. 그래야 매물과 중개사에 대한 변별력이 생긴다.

집은 몇 개까지 보고 계약하면 좋을까?

집을 계약하기 위해 1~2개만 보고 결정하는 사람도 있고 10개 이상 보는 사람도 있다. 너무 많이 보면 나중에 어떤 집을 보았는지조차 결정이 안 되는 단점이 있고, 너무 적게 보면 계약하고 후회하는 경우가 있다. 딱 몇 개를 봐야 한다는 답이 정해져 있지는 않다. 다만 충분히 알아보고 결정하는 것이 좋다. 수천만 원, 수억 원의 보증금이 걸려있으니 신중하게 골라보자.

집 볼 때 누군가와 동행하는 것, 내부 촬영 등이 가능할까?

집 볼 때 가족, 친구, 애인 누구와 동행해도 상관없다. 4명 이상이 함께 와서 다 같이 집을 본 사람도 있었다. 혼자 집을 알아봐도 관계없지만, 누군가와 함께 보면 혼자라면 발견하지 못할 부분을 발견할 수도 있고, 조언도 얻을 수 있다.

더불어 집을 보면서 사진 또는 동영상으로 촬영해도 되냐는 질문을 많이 받는다. 상황에 따라 다르다. 빈집, 이른바 공실은 대체로 사진 촬영이 가능하다. 그러나 누군가가 살고 있는 집은 프라이버시 문제로 사진 촬영이 어려울 수 있다. 물론 승낙을 받으면 촬영이 가능하다.

다수의 집을 보면 어떤 집을 보았는지 기억이 나지 않는다. 구조, 면적, 옵션, 금액 등 헷갈릴 수 있다. 그래서 촬영을 해두거나 특징, 중요한 사항을 간단히 메모하면 도움이 된다.

부동산 중개업소가
두 곳이면 사기일까?

"계약할 때 부동산업체가 두 곳이라고 합니다. 집을 보여준 곳과, 제가 만나 보지 못한 한 곳이 더 있어요. 계약할 때 부동산 중개업소가 많으면 불법이나 사기 아닌가요?"

"제가 의뢰한 중개사무소가 아닌 다른 곳에서 계약하면 위험한 것 아닌가요?"

집을 보겠다고 찾아간 곳은 분명 ㅁㅁ중개업소다. 그런데 □□중개업소와 △△중개업소(서로 다른 부동산 업체)가 함께 집을 보여준다. 심지어 두 사장님은 처음 만난 사이인 것 같다. 설마 둘이 짜고 사기 치는 것 아닌가 두려워진다.

또는 □□부동산 중개사무소와 집을 보았는데 계약일에 △△부동산 중개사무소로 오라고 한다. 그리고 두 곳의 중개업소와 함께 부동산 계약을 한다면 이 계약은 과연 안전한 걸까? 세입자가 이런 일을 겪는다면 당황스럽고 머릿속이 복잡해질 것이다.

공동 중개? 그게 뭘까?

공동 중개란 부동산 거래의 매체가 되는 공인중개사 협회, 공동정보망과 광고를 통해서 공인중개사들이 상호 협동하여 중개 계약을 하는 것을 말한다. 공인중개사사무소 간 서로 도우며 중개 서비스를 제공하는 합법적인 시스템이다. 너무 설명이 어려울 수 있으니 다시 설명해 보겠다.

이를테면 당신이 소개팅을 한다고 가정해 보자. 주선자 한 사람이 남녀를 연결해 줄 수도 있고, 남자를 소개하는 주선자, 여자를 소개하는 주선자 이렇게 두 명이 소개팅 자리를 마련할 수 있다.

쉽게 말해 부동산 공동 중개란 집주인과 세입자를 연결해 주는 중개업소가 각자 있는 것이다. 한 명이 자기가 아는 남녀를 소개하는 것처럼, 한 중개업소가 집주인과 세입자를 중개할 수도 있고 세입자 측, 집주인 측의 중개인이 따로 있을 수도 있다. 굉장히 자연스럽고 흔한 일이니 걱정하지 말자. 달리 보면 공인중개사 두 명의 확인과 검증을 거쳐 계약하는 것이니 실수가 없고 안전하지 않을까 하는 생각도 든다.

공동 중개 시 수수료는 양쪽에 모두 지급해야 할까?

그렇지 않다. 직접 집을 구해준 1곳에만 지급하면 된다. 공동 중개는 세입자 측과 집주인 측 부동산 중개업소가 있다. 그러므로 나랑 거래한 곳에만 수수료를 지급하면 그만이다. 세입자는 세입자 측에, 집주인은 집주인 측에 수수료를 지급한다.

공동 중개가 아니고 부동산 중개업소가 한 곳이면? 마찬가지로 세입자는 세입자 수수료를, 집주인은 집주인 수수료를 중개업소에 각각 지급한다. 그리고 계약서에 세입자, 집주인, 개업 공인중개사(중개업소의 대표)가 각각 이름을 쓰고 도장을 찍으면 된다. 계약서 작성 요령, 중개수수료에 대한 부분은 뒤에서 따로 다루어 상세히 설명하겠다.

참고로 공동 중개를 활용하면 친분이 있는 공인중개사를 지정하여 집을 알아보거나 계약할 수 있다. 이를 **전속 공인중개사**라고 한다. 가까이 알고 지내는 전속 공인중개사가 있다면 그가 세입자의 상황을 가장 잘 아는 전문가일 것이다. 적합한 집을 알아보고 계약하는 데 도움을 줄 수 있다.

발품 팔 때 반드시
체크해야 할 7가지

발품이 뭔가요?

이제 '1-1. 집 구할 때 반드시 ○○○○ 먼저 할 것' 챕터에서 언급한 것처럼 예산, 자금 계획, 퇴실일까지 결정되었다. 그간 부동산 매물 광고를 충분히 보아 시세 파악도 할 수 있게 되었다. 그렇다면 이제 밖으로 나가 집을 볼 때이다. 직접 걸어 다니는 수고를 통해 집을 알아보는 과정을 '발품을 판다'고 한다. 주택의 위치, 형태, 옵션 등 상세한 사항의 기준을 정했다면 직접 발로 뛰며 내 생각과 일치하는지 확인해 보자.

중개업소를 바로 방문해도 되고, 예약하고 방문해도 괜찮다. 다만 갑자기 방문하면 사정상 못 보여주는 집이 있을 수도 있다. 다음에 한 번 더 방문하면 되지만, 효율적인 답사를 원한다면 예약을 해두는 것이 좋다. 더불어 나의 조건을 공인중개사에게 미리 알려주자. 미리 좋은 매물을 찾아 당신의 방문 시간에 맞춰 보여줄 수 있도록 준비할 것이다.

집은 언제부터 보러 다니면 될까?

발품의 적기는 이사해야 할 날 1~3개월 전이다. 1인 가구가 많은 곳, 같은 면적의 주택이 많은 곳은 1달 전이면 충분한 편이다. 그와 반대로 이삿짐이나 신경 쓸 게 많은 2~3인 가구, 인기가 많아서 매물이 희소한 지역은 2~3달 전에 구하기도 한다. 대체로 전세가 월세보다 매물이 없기 때문에 서둘러 알아보는 게 유리하다.

집 볼 때 체크해야 할 7가지

"예비 신랑과 중개업소에 방문하려고 해요. 저희 둘 다 집 구하는 것이 처음이에요. 어떤 것을 신경 써서 봐야 할까요? 집 볼 때 체크해야 할 사항에 대해서 알려주세요."

결혼을 앞두고 신혼집을 알아보고 있는 채영이 물었다.

집을 보러 갈 때는 설레는 만큼 신경 써야 할 것도 참으로 많다. 적게는 1년, 많게는 4년 이상 살아야 할 집을 느낌대로 고를 수는 없다. 본능적으로 이끌리듯 결정하고 나면 살면서 발견하는 문제 때문에 후회하게 된다. 아래 체크리스트를 활용해 보자. 생각보다 어렵지 않다.

⌂ 이사 날짜 정하기

✓ 원래 집에서 나오는 날은 결정되었을까?

✓ 이사가 가능한 날의 범위는 언제부터 언제까지일까?

⌂ 전세, 월세 자금 계획 세우기

✓ 보증금은 어떤 방식으로 마련할까?

✓ 월수입에서 충분히 감당할 수 있는 월세의 최대치는?

⌂ 위치 결정하기

✓ 나는 출퇴근, 등하교에 얼만큼의 시간을 쓸 수 있을까?

✓ 지하철, 버스 등 대중교통 이용이 편리한지?

✓ 자동차로 이동한다면 도로 진출입이 쉬운지?

✓ 인근에 보육시설, 학교가 있을까? (아동이 있는 경우)

✓ 병원, 마트, 공원, 운동시설, 기타 편의시설이 가까이 있는지?

⌂ 집 면적, 구조, 형태

✓ 나 & 같이 살 사람에게 딱 적당한 면적은?

✓ 원하는 집의 구조는? (방, 화장실 개수 및 주방, 거실의 유무)

✓ 원하는 집의 형태는? (아파트, 다세대빌라, 오피스텔, 다가구, 단독주택 등)

⌂ 내부 상태

✓ 천장, 바닥, 벽 누수, 갈라짐, 깨짐, 결로로 인한 곰팡이 체크

✓ 벽지 및 바닥 상태는 정상? or 수리가 필요한지?

✓ 수압 및 환기는 괜찮은지?

⌂ 일조량, 소음, 진동

✓ 집의 방향 확인, 햇빛은 충분한지?

✓ 인근에 소음, 진동, 먼지가 많이 발생하는 곳이 있는지? (도로, 철도, 공장, 공사 현장 등)

⌂ 전기, 수도, 가스, 냉난방, 취사, 관리비

✓ 전기, 수도, 가스 사용에 문제없는지 체크하기

✓ 냉난방은 어떤 방식인지 확인하기 (보일러, 에어컨 등)

✓ 취사 방식 확인하기 (전기, 가스 등)

✓ 관리비 포함 & 불포함 내역 확인하기 (공과금까지 고려해서 지출 가능한지?)

⌂ 엘리베이터, 보안, 주차

✓ 엘리베이터 유무

✓ CCTV, 잠금장치 등 보안 체크 (저층은 방범창 유무)

✓ 내 차를 주차할 수 있는지?

⌂ 반려동물, 옵션

✓ 반려동물과 함께 살 수 있는 집인지?

✓ 포함된 옵션의 종류와 정상작동 여부 (세탁기, 냉장고, 에어컨, 붙박이장 등)

⌂ 기타 특이사항 적어두기

1. 위치 결정하기 (대중교통, 차량 출입, 학군, 기반 시설 고려)

학생이거나 직장인이라면 등하교, 출퇴근 동선을 고려해 결정한다. 지하철, 버스 등 대중교통을 이용하러 가는 동선을 도보로 직접 걸어보는 것이 좋다. 만약 지하철역이나 버스정류장까지 도보 20분 이상 걸린다면 여름, 겨울에는 대중교통을 타러 가는 동안 많은 에너지를 소모할 수 있다. 자차로 등하교, 출퇴근을 한다면 도로, 이동 동선을 확인하고 자가용 출입이 원활한 지역인지 눈여겨보자.

미취학, 취학 아동을 둔 세대는 어린이집, 유치원, 학교로 등하교가 편리해야 한다. 취학 아동을 두었다면 미리 학군 정보를 확인해 본다. 네이버 부동산이나 교육청 홈페이지를 보면 학교의 교직원 수, 학생 수, 급식 관련 사항과 방과 후 프로그램 사항까지 확인할 수 있다.

집안에 병원을 자주 이용해야 할 가족이 있다면 인근에 병원이 있는지 확인해야 한다. 대학병원이나 응급실을 보유한 종합병원은 모든 지역에 다 있는 것이 아니기 때문이다.

최근 반려동물과 함께 살고 있는 세대가 많아 주변에 산책할 곳도 위치 선정에 중요한 영향을 미치는 요소가 되고 있다.

대중교통, 학교, 도서관, 병원, 쇼핑몰, 영화관, 대형마트, 전통 시장, 공원, 운동 시설 등이 가까이 있다면 그렇지 않은 집에 비해 공실 위험이 낮기 때문에 퇴실할 때 쉽게 보증금을 돌려받을 수 있다.

2. 집의 면적, 구조, 형태 확인

집의 면적, 형태와 구조가 나에게 적합한지 먼저 확인한다. 너무 크거나 작지 않은가 판단해 본다. 앞에서 살펴본 좋은 위치와 더불어 집의 면적은 전세, 월세 비용과도 직결된다. 위치가 좋고 집이 크다면 그렇지 않은 집에 비해 비싸다. 위치도 좋고 집도 크고 저렴하기까지 하면 좋겠지만 애석하게도 그런 집은 없다. 예산에 맞춰 최선으로 결정할 수밖에 없다.

1인 가구는 주로 원룸형을 많이 선택한다. 짐이 많아 면적이 부족하다면 복층형을 선택할 수도 있겠다. 주방과 분리된 형태를 선호할 수도 있다. 다인 가구라면 세대 내 가족 수와 라이프스타일을 고려해 투 룸(방 2개) 또는 쓰리 룸(방 3개) 형태에서 고를 수도 있다. 분리된 서재나 드레스룸을 만들고 싶다면 방이 많은 형태로 선택할 수도 있다.

아파트는 계단식과 복도식이 있는데 대체로 복도식이 같은 면적 대비 저렴한 편이다. 계단식은 단열과 프라이버시에 장점이 있다. 발코니는 원룸이나 오피스텔에는 없지만 아파트나 빌라에는 있다. 하지만 확장으로 발코니가 없는 집도 있으니 본인의 상황에 맞추어 선택한다.

3. 내부 상태

공인중개사는 집 내부에서 어디를 먼저 볼까? 바로 천장, 바닥, 벽이다. 천장, 바닥, 벽은 한번 하자가 생기면 큰 수리가 필요하므로 가장 중요하다. 천장에 흘러내린 물 자국이 있는지 확인하자. 누수는 살면서 가구, 가전, 옷 등 생활용품에 피해를 주기 때문이다. 또 누수는 완벽히 수리하기 어려운 경우도 있다.

바닥 갈라짐, 패임, 결로현상으로 곰팡이가 있는지도 살펴본다. 바닥이 패이거나 벽면에 금이 가 있는 심각한 하자가 있다면 구조에 문제가 있을 수 있으므로 주의해야 한다. 벽면 도배나 페인트 상태도 함께 확인하여 문제가 있다면 임대인이 수리 비용을 감당하는지 물어보자. 창문은 환기에 꼭 필요하며 창틀은 여름과 겨울 냉난방과도 직결되는 중요한 사항이다. 습기가 많은 집은 곰팡이가 생길 확률이 높기 때문에 환기가 잘 되는 집을 선택해야 한다.

대부분의 사람들은 집에서 인테리어, 가구, 특징 있는 소품 등을 먼저 보고, 그것이 집의 첫인상이라고 한다. 하지만 첫인상만 좋고 멀쩡한 집이 아니라면 사는 내내 골치 아플 가능성이 높다. 꼭 정확한 집의 상태를 파악하고 잠재적인 문제나 결함이 없는지 꼼꼼히 들여다보자.

4. 일조량, 소음, 진동

집 근처에 도로, 철도, 공장이나 공사 현장 등이 있는지 확인한다. 소음, 진동과 먼지는 쾌적한 주거 환경을 위해서 피하는 편이 좋다. 보통 집을 확인하는 평일 낮과 달리, 저녁시간이나 주말에 가보면 소음이나 교통량이 많을 수도 있다. 창문과 문을 다 닫고 바깥의 소리가 들리는지 확인해 보면 방음에 취약한지 판단할 수 있다. 최근에는 층간 소음 문제로 이웃 간에 다툼이 많으므로 함께 확인하자.

일조량은 부동산 광고의 필수 표시 사항으로 중요한 요소다. 집의 방향은 거실을 기준으로 판단한다. 하루 종일 햇빛이 잘 들어오는 남향집은 밝고 에너지 비용을 절약하는데 도움이 되기 때문에 대부분 선호한다. 반면 야근이나 교대 근무로 낮에 자야 하거나 집에서 PC 작업을 많이 하는 재택근무자에게는 북향이 더 적합하다. 오히려 햇빛이 생활을 방해할 수 있기 때문이다. 이른 아침에 햇빛이 많이 들어오고 오후에는 다소 어두울 수 있는 동향은 새벽에 하루를 시작하는 사람들이 좋아한다. 해가 질 때까지 빛이 들어오는 서향집은 추위를 피하기엔 괜찮지만 여름철에는 다소 덥다는 단점이 있으니 본인의 생활 방식에 따라 결정하자.

5. 전기, 수도, 가스, 냉난방, 취사 방식 그리고 관리비

노후 주택에 입주해야 한다면 특히 전기, 수도, 가스가 제대로 작동하는지 주의를 기울여야 한다. 입주할 때 문제가 있다면 임대인에게 수리나 교체를 요청한다. 주방의 취사 방식은 가스를 사용하는 가스레인지, 전기를 사용하는 인덕션이 있다. 냉방은 개별 에어컨을 설치하여 자유롭게 온도를 조절하는 방식이 대체로 많다. 난방은 냉방과 달리 중앙난방, 개별난방, 지역난방으로 구분된다.

중앙난방은 건물별로 설치된 대형 열 공급 설비에서 열을 공급해 주는 방식인데 난방 시간과 난방 비용이 고정되어 있다는 단점이 있다. 지역난방은 열병합발전소나 소각장에서 나온 폐열을 활용하는 방식이다. 전문가들이 난방시설을 관리하기 때문에 수리나 고장에 대한 염려가 적다. 지역난방 비용은 중앙난방보다는 저렴하고 개별난방보다는 비싼 편이다. 개별난방은 개별적으로 온도를 높이거나 낮출 수 있어 난방 비용을 절약할 수 있다. 그렇지만 보일러를 직접 관리하여야 하고 다른 방식에 비해 난방 효율이 낮다는 단점이 있다.

- **비용**: 중앙난방 > 지역난방 > 개별난방
- **온도 조절 편의**: 개별난방 > 지역난방 > 중앙난방
- **친환경**: 지역난방 > 개별난방, 중앙난방
- **난방 효율**: 지역난방 > 중앙난방 > 개별난방
- **보일러 관리 편의**: 지역난방 > 중앙난방 > 개별난방

관리비도 중요하다. 내가 부담할 수 있는 수준의 관리비인지, 관리비에 포함되는 항목은 어떤 것들인지 물어보자. 개별 계량기가 있어 공과금은 사용한 만큼 내는지도 함께 확인해 본다. 원룸, 다가구주택의 경우 수도 요금이나 인터넷 요금이 관리비에 포함되기도 한다.

6. 엘리베이터, 보안 시설, 주차

나에게 엘리베이터가 꼭 필요한지 아니면 계단도 문제가 없는지 생각해야 한다. 또 집 주변 보안 장치도 중요하다. 집은 안전한 위치에 있는 것이 좋다. 집 출입구 1층과 복도에 CCTV, 잠금 장치가 있는지 살펴보자. 내가 입주할 집이 저층이라면 창문에 방범창이 설치되어 있는지도 함께 확인해야 한다.

주차장 차량 진출입이 편리한가? 내가 주차할 공간은 확보되어 있나? 아침과 저녁, 주중과 주말 주차장의 상태가 다를 수 있다. 층간 소음만큼

주차 스트레스도 만만치 않기에 몇 번 방문해 확인해 보는 게 도움이 되겠다. 주차장은 세대당 한 대로 법정주차대수가 정해진 곳도 있지만, 법이 완화된 오피스텔, 도시형생활주택 등은 세대당 한 대보다 적은 주차장을 확보하고도 건물을 지을 수 있다. 건물 내 차량이 많다면 이로 인한 분쟁이 생길 수도 있다.

주차 설비에는 자주식, 리프트식, 기계식이 있다. 자주식은 지상 공간, 지하 공간에 직접 주차를 하는 방식이다. 리프트식은 기계를 타고 내려가 차주가 직접 주차를 하는 형식이고, 기계식은 주차타워 등에 기계식으로 주차하는 방식이다. 기계식이나 리프트식은 간혹 길고 폭이 넓거나, 높이가 높은 차량은 주차가 안되기도 한다. SUV 또는 3,000cc 이상의 대형차량, 차체가 현저히 낮은 외제 차량 등 차량 제원(자동차의 높이, 길이, 무게 등의 지표)에 따라 주차가 불가할 수 있으니 꼭 미리 확인하자.

7. 반려동물 및 옵션

만약 내가 반려동물과 함께 살아야 한다면, 발품 팔기 전 공인중개사에게 미리 귀띔을 해주는 게 유리하다. 반려동물 거주가 금지된 주택도 있기 때문이다.

집에 냉장고, 세탁기, 에어컨 등의 옵션이 포함되어 있다면 옵션의 상태도 봐 두자.

공인중개사가 알려주는
좋은 중개사, 나쁜 중개사 구별법

얼마 전 지현은 부동산 직원과 크게 다투었다며 연락이 왔다.

"새로 이사한 집 주방에 물이 새어 주방 바닥이 썩고 들떠 있더라고.
부동산 직원이 계약 전에 집의 하자를 알고도 이야기해 주지 않은 거지.
계약 전에는 빨리 계약하라고 재촉하더니 이사할 때는 오지도 않더라.
그래서 하자에 관해 확인해 달라고 했더니 모르쇠로 일관하지 뭐야. 더
황당한 건 연식이 오래된 집에 이사하면서 이 정도는 감수해야 한대. 그
말이 더욱 화나. 그리고 이 일을 어떻게 처리해야 할지 너무 난감해."

'설마 이런 사람 있겠어?' 싶지만, 나쁜 중개인은 생각보다 많다. 입만
열면 거짓말인 사람, 매너 없이 반말, 막말하는 사람, 상식적이지 않은
거래를 부추기는 사람, 약속을 지키지 않는 사람, 해야 할 일을 하지 않

는 사람, 번갯불에 콩 구워 먹듯 계약을 재촉 및 강요하는 사람… 우리는 이들을 속된 말로 '양아치'라고 한다.

나쁜 중개인은 왜 위험할까?

그들은 해야 할 일을 하지 않으며 일 처리는 주먹구구식으로 한다. 돈 벌기에만 급급해 집의 치명적인 단점은 은폐한다. 묻는 말은 얼렁뚱땅 넘기고 전문성이라고는 찾아볼 수 없다. 그들은 세입자의 판단을 흐리게 해 계약을 서두른다. 그리고 막상 계약이 끝나면 은근슬쩍 발을 빼려 한다.

지현은 아마도 이런 부류의 사람을 만났던 것 같다. 돈 버는 것에만 눈이 멀어 직업적 책임, 의무, 사명감에는 관심이 없는 사람 말이다. 더욱 심각한 것은 때때로 나쁜 중개인은 사기꾼과 공모하여 부당한 이득을 얻기도 한다는 사실이다. 뉴스에 나오는 많은 악의적인 보증금 사기 사건에는 나쁜 중개인이 개입되어 있다. 이는 결국 임차인들의 손해로 이어진다.

좋은 중개사 알아보는 방법

그렇다면 생각해 보자. 계약을 많이 성사했다며 외제 차를 타고 으스대며 쓸데없는 말만 늘어놓는 사람이 좋은 중개사일까? 물론 외제 차를 탄다고 모두 나쁜 중개사는 아니다. 간혹 비싼 외제 차와 화려한 언변으로 포장된, 퍼포먼스로 무장한 나쁜 중개사도 있으니 주의해야 한다는 말이다.

그렇다면 좋은 중개사는 어떻게 알아볼 수 있을까?

1. 기본적으로 당신을 존중하고 세입자의 보증금을 소중하게 생각하는 사람이어
   야 한다. 현재 상황을 잘 들어주고, 예산에 맞는 적합한 집을 찾아 주려고 애쓰
   는 사람이다. 좋은 중개사는 그 무엇보다 고객과 매물 자체에 집중한다. 사소한
   질문에도 정확한 대답을 하려 노력한다. 모르는 것은 얼렁뚱땅 넘어가지 않고
   제대로 확인하여 알려준다.

2. 정직하고 약속을 잘 지키며 신뢰를 주는 사람이 좋다. 부동산은 사람이 살아야
   하는 공간이며 고가로 거래되는 재화이다. 그래서 작은 문제도 자칫 잘못하면
   큰 사고로 이어진다. 좋은 중개사는 집의 장점과 함께 단점도 감추지 않고 솔직
   히 전달한다. 안전하지 않은 거래는 임차인의 손해로 이어질 수 있음을 알고 책
   임과 의무를 다하는 공인중개사가 믿을 만하다. 작은 약속도 잘 지킨다면, 맡은
   일에 최선을 다할 거라 기대할 수 있다. 위험한 거래 같은데 괜찮다며 계약을
   서두르거나, 약속을 어기고 되는 데로 일을 하는 사람은 피해야 한다.

3. 전문성이 있어야 한다. 계약 관련 사항, 중요한 서류를 꼼꼼하게 확인해 줄 수
   있어야 한다. 대부분 세입자는 부동산 관련 지식이 없거나 매우 적고, 어려워
   잘 모른다. 그러므로 집이 안전한지 위험한지 근거를 들어 설명해주면 세입자
   에게 큰 도움이 된다. 이사하는 날 집에 오지 않거나, 중요한 서류도 주지 않고
   계약서 한 장만 달랑 안겨준다면 전문성을 의심해 봐야 한다.

집에 살다 보면 궁금한 점, 걱정, 고민, 해결해야 할 일이 너무 많다.
인간적이고 배려심 있는 중개사는 세입자에게 어려움이 닥치더라도 외
면하지 않는다. 그때마다 남의 일처럼 모르는 척하기보다는 도움을 줄
수 있는 사람이 좋다.

한 번에 좋은 중개사를 알아보기는 쉽지 않을 것이다. 많이 경험해 볼수록 사람 보는 눈이 생길 것이다. 좋은 중개사는 말하지 않아도 품위가 있으며 신뢰감을 준다. 당신이 부디 그런 중개사를 알아보길 바란다.

공인중개사 확인은 무엇부터?

일반적으로 공인중개사사무소를 방문하고 명함을 받을 것이다. 상황에 따라 보려는 집 앞에서 만날 수도 있고, 가까운 지하철역 근처에서도 만날 수 있다. 필자는 가급적 공인중개사 사무실에서 만나기를 추천한다. 왜냐하면 중개업소 등록을 하지 않은 유령 업체와 컨설팅 업체들이 너무 많기 때문이다. 이런 업체는 무자격으로 공인중개사처럼 일하고 보증금 사기 사건에 가담하여 리베이트를 챙긴다. 세입자의 피해가 생겨도 그저 폐업하면 그만이기 때문에 주의해야 한다.

공인중개사사무소에 도착하면 간판, 간판에 적힌 대표자 이름, 공인중개사무소 등록증, 대표자의 공인중개사 자격증, 사업자등록증, 소속 공인중개사의 자격증, 공인중개사 협회 공제 증서(또는 보증보험증권)가 게시되어 있는지 먼저 확인해 보자. 잘 안 보이는 높은 곳에 매달아 놓은 경우도 많은데, 그렇다면 간판과 명함으로 검색해 볼 수 있다. 명함의 상호로 등록번호, 상호, 대표자, 소재지, 행정 처분과 소속 공인중개사 및 중개보조원 확인이 가능하다.

합법적인 공인중개사인지부터 알아보자. 어떻게?

공인중개사사무소가 등록되어 있는 곳인지 행정 처분을 받은 곳인지 지금 앞에 있는 사람이 개업 공인중개사(부동산 대표), 소속 공인중개사(공인중개사인 직원) 또는 중개보조원(단순 부동산 보조업무 직원) 인지 구별할 수 있는 웹사이트가 있다. 브이월드(www.vworld.kr)에 접속하여 '부동산중개업' 메뉴를 클릭해 보자. 주소 및 중개업소의 이름을 입력한 후 조회를 누르면 된다.

▲ [출처: 브이월드 디지털 트윈국토]

◉ 기본정보 정보수정 요청

대표자사진	등록번호	상호	대표사진공개	대표자
	(blurred)	●●공인중개사사무소	공개	(blurred)
	구분	**소재지**		**전화번호**
	공인중개사	서울특별시 강남구 (blurred)		02-●●● (blurred)
	상태	**등록일자**	**보증보험유무**	**비고**
	영업중	(blurred)	유	-

◉ 대표자 영업이력 정보공개

대표자	등록일	소재지	상호명	등록번호	행정처분 항목	상태	중개업자 구분
			공인중개사가 정보공개에 동의한 경우에 한해, 영업 정보 이력이 공개됩니다.				

!

◉ 소속공인중개사 및 중개보조원

직위	구분	성명
일반	공인중개사	(blurred)
일반	공인중개사	(blurred)
일반	공인중개사	(blurred)
일반	중개보조원	(blurred)

▲ [부동산 중개업 조회]

부동산 여러 곳을 돌아다니며 확인하고 대화해 보자. 영업 정지, 자격 정지, 자격 취소인 중개업소가 영업을 하기도 하니 조심하자. 이들은 위법한 일에 대한 행정 처분을 받은 상태이니 좋은 중개사에 가깝지는 않을 가능성이 높다. 더불어 법적으로 중개보조원은 현장 안내, 단순 업무만을 하는 사람으로, 공인중개사 자격을 취득하지 않은 직원이다. 이들은 공인중개사법상 계약서 작성 등 중요한 업무를 수행할 수 없다.

2장

보증금 지키는
계약 방법

금액 협의부터 도배, 장판까지 유리하게 만드는 법

어느 날 세입자로부터 질문 하나를 받았다.

"전세 세입자로 들어갈 예정인데 집을 둘러보니 벽마다 곰팡이가 너무 심한데 집주인에게 해달라고 하면 되는 거죠? 곰팡이가 심하면 무조건 집주인이 해줘야 하는 건가요? 아니면 합의를 봐야 하나요?"

물론 집주인에게 해달라고 해도 된다. 뒤에서 집 수리 부분을 더 자세히 알아보겠지만, 적어도 사람이 살게는 해 주어야 돈을 내고 들어와서 살 것이 아닌가? 하지만 이미 계약을 끝냈다는 이유로 당연히 해주어야 할 것을 해 주지 않거나 세입자를 애먹이는 경우가 많다. 세입자들이 꼭 알아야 할 것이 있다. 당신의 요구 사항은 계약하기 전에만 받아들여진다! 절대 잡은 물고기에게는 먹이를 주지 않는다는 말이다. 그러니 주저

하지 말고 계약 전에 당당하게 요구해야 한다. 집주인에게 직접 이야기 하는 것이 껄끄럽다면 공인중개사의 도움을 받아도 좋다.

부디 공인중개사와 친구가 돼라

그동안 충분히 발품을 팔아 집을 알아보았다. 이제 몇 해 동안 살 집에 대한 중대한 결정을 해야 한다. 그런데 현실의 벽에 맞닥뜨리게 되었다. 내가 가진 돈이 계약하고 싶은 집의 보증금보다 부족한 것이다. 혹은 도배나 바닥 상태가 현저히 안 좋을 수도, 입주 스케줄이 맞지 않을 수도 있다. 공들여 알아본 집이 내 조건과 일치하지 않을 때 절망스럽다.

필자 역시 공인중개사로 일한 동안 이런 일을 많이 봤다. 때로는 절망 스럽고, 막막한 상황이었다. 하지만 임차인이 여러 방법으로 보증금 문제를 해결하거나, 임대인이 월세를 깎아주어 임차인의 예산에 딱 맞게 입주하는 경우도 있었다. 실망스러운 도배, 바닥 상태는 임대인이 말끔히 수리해 주었다. 어긋난 입주 스케줄은 나가는 임차인과 들어오는 임차인이 조금씩 양보하며 해결이 되었다.

흥미로운 건 이 모든 일은 공인중개사와 좋은 관계를 맺은 임차인들의 경험담이라는 점이다. 부디 공인중개사와 최고의 친구가 되기를 바란다. 이것은 내가 공인중개사이기 때문에 그들 편에 서서 하는 말이 아니다. 당신의 상황을 정확하게 설명하고, 당신의 어려움을 털어놓는 순간 공인중개사는 마음을 열고 당신을 위해 더 열심히 일하기 시작한다.

공인중개사 역시 사람이다. 말하지 않는 당신의 상황을 알 수 있는 방법은 없다. 진심을 갖고 정중히 도움을 요청해 보자. "보증금과 월세가 높다. 내가 감당할 수 있는 수준은 이 정도다." "지금 사는 집에서는 몇 월 며칠까지 반드시 나와야 한다." "도배 상태가 너무 엉망이라 입주가 고민된다." 당신의 친구가 된 공인중개사는 당신의 고민을 경청하고 해결책을 찾아 줄 것이다.

플랜 B는 언제나 필수이다

공인중개사의 도움에도 불구하고 한두 가지 협의가 끝내 이루어지지 못하는 경우가 있다. 또는 협의하는 동안 다른 경쟁자가 먼저 계약을 할 수도 있다. 이런 상황을 대비하여 대안은 필수이다. 플랜B 역시 플랜A와 같은 형식으로 협의한다. 차선책마저 빼앗길까 봐 성급하게 결정하지 않기를 바란다.

계약서를 쓰기 전까지는 임대인도 공인중개사도 열린 마음으로 당신의 조건을 받아들여 줄 수밖에 없다. 물론 계약을 마친 후에는 굳이 요구 조건을 들어줄 이유가 없다. 금액뿐 아니라 가전 등의 옵션 교체, 블라인드 설치까지도 입주 전에는 당신에게 유리한 상황으로 얼마든지 만들 수 있다. 당신은 그저 공인중개사의 경험치에 기대면 된다. 그들은 당신을 위해 최대한 움직여 줄 것이다.

반드시 기억하자. 계약하기 전에 당신이 원하는 바를 명확하게 알리고 적극적으로 협상에 임해 보자. 시세보다 저렴하게 입주하게 되거나 집 상태가 업그레이드되는 생각지도 못한 행운이 찾아올 수도 있으니 말이다.

집주인 없이 계약서 쓸 때
확인해야 할 4가지

독립을 준비하던 희수는 계약을 앞두고 큰 걱정이 생겼다.

"집주인이 해외에 있어서 집주인 부모님이 대신 계약서 쓰러 온다는데 괜찮을까?"

은성은 얼마 전에 월세 계약을 한 여동생이 걱정된다며 말했다.
"얼마 전에 여동생이 월세 계약을 하고 왔는데 이상한 점이 한두 가지가 아니예요. 집주인 없이 공인중개사하고만 계약했고, 소액의 계약금을 공인중개사한테 입금했다고 해요. 도대체 계약을 왜 이런 식으로 했는지 모르겠어요."

사람들이 많이 묻는다. 집주인 없이 계약해도 되는지, 아니면 절대 하면 안 되는 건지 말이다. 사실 부동산 계약은 어렵기도 하고 큰돈이 걸려 있기 때문에 늘 불안감이 크다. 혹시나 잘못 계약하면 어쩌나 두렵다. 그래서 더 꼼꼼하게 두 번 세 번 확인하여야 한다.

집주인도 낯선데, 임대인 대신 왔다는 그 사람은 더욱 의심스럽다. 처음 만나는 공인중개사, 처음 만나는 집주인의 대리인, 만나보지도 못한 집주인, 집주인 아닌 다른 사람과의 계약⋯ 모두 걱정되는 건 이해하지만, 조건이 갖추어지면 문제없다. 이 '조건'에 대해서 꼼꼼히 확인해 보고 안전장치를 하기 바란다.

대리인 계약이란?

집주인(임대인)을 대신하는 다른 사람과 하는 계약을 말한다. 예를 들면 아버지 대신 딸, 아들 대신 어머니, 남편 대신 아내가 하는 계약을 말한다. 법인의 경우 직원, 혹은 건물의 관리인이나 전속 부동산에 계약을 위임하기도 한다. 대리 계약은 집주인의 여러 사정으로 꽤 많이 이루어진다.

주로 여러 채의 건물을 소유한 사람들이 대리 계약을 많이 한다. 많은 세대를 관리하기 어려우니 계약과 관리 등을 다른 이에게 맡기는 것이다. 일일이 월세 계약서를 작성하러 오기 싫었던 집주인이 단 한 번도 계약일에 모습을 드러내지 않은 경우도 있다. 필자 역시 몇몇 집주인의 계약을 대리로 진행한 적이 있다. 그러니 대리 계약 자체로 사기를 당하는 것은 아닐까 불안해할 필요는 없다. 하지만 임대인과 대리인을 믿은 나의 선한 마음이 악용되지 않도록, 대리 계약에서 필요한 조건을 잘 들여다보자.

대리인 계약, 집주인과 계약일에 통화하면 괜찮겠지?

"집주인과는 통화로 확인하고 계약하기로 했어요. 괜찮겠죠? 통화로는 무엇을 확인하고 질문해야 하나요? 통화를 녹음하면 안전할까요? 영상 통화를 할까요?"

집주인과 통화하고 계약해도 되냐는 질문도 자주 받는다. 통화, 영상 통화 물론 좋다. 집주인과 세입자가 서로 인사를 나누는 계기가 되고, 진짜로 나와 마주 앉은 이 사람에게 계약을 위임하였는지 확인하는 방법도 될 수 있다. 실제로 계약일에 집주인과 통화하면 서로 잘 부탁드린다는 인사말과 함께, 정말 대리인에게 계약을 위임한 것인지 확인하게 된다. 하지만 계약일에 집주인과 통화한 것만 가지고는 충분하지 않다. 통화보다 중요한 것은 적법한 절차로 계약이 진행되는지, 서류는 제대로 챙겨왔는지 확인하는 것이다.

가족관계증명서를 확인하고 계약하면 될까?
가족이니까 괜찮겠지? 절대 NO!

임대인(위임인)과 대리인(수임인)이 가족이라며, 가족관계증명서만 보여주고 계약하자고 하는 경우가 있다. 더러는 주민등록등본, 제적등본, 기타 이런저런 서류를 챙겨와서 대리인이니 쉽게 넘어가자고 하는 경우도 허다하다. 하지만 이것으로 대리 계약의 확인 절차를 충족했다고 생각하면 큰 오산이다.

가족관계증명서는 가족 관계를 증명하는 서류일 뿐 그 이상도 이하도 아니다. 주민등록등초본 등의 기타 서류도 마찬가지이다. 이 서류들 어디에도 '계약을 위임했다'는 사실은 적혀 있지 않다. 가족이나 지인 관계에서 중요 서류를 도용하거나 재산 다툼으로 소송에 이르는 경우도 많다. 그런데도 임대인과 대리인이 가족이니까 믿으라고? 말도 안 되는 헛소리다.

어떤 관리소장은 임대인과 전화 통화로 확인시켜 줄 테니 믿고 계약하라고 한다. 도대체 전화 통화가 무슨 힘이 있다고 믿고 계약하라는 건가. 말 같지도 않은 소리이다. 이런 어이없는 말로 얼렁뚱땅 넘어가려 한다면 그 계약은 STOP 해야 한다. 이건 마치 여권은 없지만 해외여행 가게 해달라고 하는 생떼와 같은 말이다. '타협 불가'라는 말이다.

임대인과 대리인, 이것만은 꼭 확인해!

1. 임대인의 인감도장이 찍힌 **위임장**
2. 임대인의 **인감증명서** (인감도장과 인감증명서상 도장 일치)
3. 대리인의 **신분증**
4. 임대인의 **통장 사본** 또는 **계좌번호**

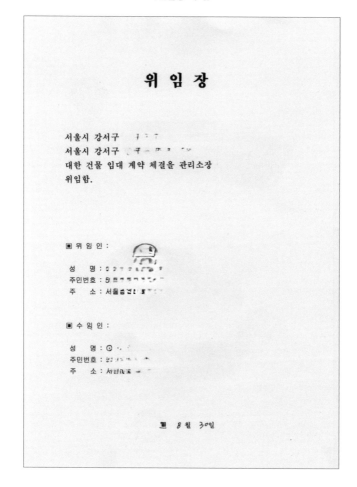

위임장에는 1. 계약하는 집의 주소, 2. 집주인과 대신 계약하는 사람의 인적 사항, 그리고 3. 계약서를 대신 쓰기로 했다는 내용이 있어야 한다. 그리고 집주인의 인감도장이 찍혀 있어야 한다. 그리고 그 인감도장이 진짜 집주인의 것인지 확인해줄 인감증명서도 함께 확인해야 한다.

[인감증명서 예시]

인감증명서와 위임장의 인감도장이 같은 모양인지 꼭 확인해야 한다. 반드시 똑같아야 한다. 그리고 인감증명서를 집주인 본인이 발급했다고 표시되어 있다면 인감증명서는 확인 끝이다.

대리 계약을 한다고 하면 원칙대로 위의 위임 서류들을 확인하겠다고 힘주어 말하자. 이는 상대방의 필수 의무인 동시에 당신이 누릴 수 있는 당연한 권리이다. 가급적 계약금 입금 전에 요구하자. 계약 전이라면 당신이 언제나 갑이다. 그러나 계약금이 들어간 후에는 너무 깐깐하게 군다는 둥 갖은 핑계를 대며 어물쩍 넘어가려 할 수 있다. 이런 말에 '내가 혹시 지나친 건가' 생각하며 그냥 넘기지 말기를 바란다.

당신을 만만하게 보고 슬쩍 넘어가려는 행태를 절대 눈감아주지 말아야 한다. 필수 서류를 구비해오라는 게 어찌 깐깐하단 말인가? 이런 황당한 말에 절대 현혹되지 않기를 바란다. 원칙대로 하면 문제 생길 일이 없다. 혹시 계약일에 위임 서류를 확인하지 못했다면 잔금일에는 반드시 서류를 확인하고 잔금을 입금하여야 한다.

임대인이 법인이어도 똑같다. 사업자등록증, 법인 인감도장, 법인 인감증명서, 법인 등기부등본, 대표자 신분증(대표가 못 올 경우 대리인의 신분증. 위임장 지참)이 필요하다. 법인 인감도장을 못 가져올 경우는 사용인감과 사용인감계를 함께 확인해야 한다.

보증금, 월세는 관리소장이나 중개업소 계좌에 입금해도 될까?

지금부터는 앞의 내용보다 더 중요한 돈 이야기다. 서류를 확인하고 대리인과의 계약서 작성이 끝났다. 그런데 대리인 계좌로 계약금을 보내라고 한다면? 대리인이 위임 서류를 지참했으니 괜찮다고 생각해야 할까? 중개업소 통장으로 입금하면 괜찮을까?

NO! 절대 안 된다. 집주인을 대신하여 온 가족이나 건물의 총책임자라고 해도 절대 안 된다. 실제로 집주인에게 무사히 보증금이 전달되는 경우도 있기는 하지만, 대체로 그렇게 귀찮게 일 처리를 할 필요가 전혀 없다. 어차피 보증금 전액을 받을 사람은 집주인이기에 집주인 통장으로 바로 보내면 된다.

미비한 틈은 사기꾼들에게 기회가 되고, 이는 곧 보증금 사고로 이어진다. 실제로 임차인과 전세 계약서를 작성한 관리소장이 보증금을 횡령한 일이 있었다. 이 사건은 한참이 지나서야 밝혀졌는데, 수십 명의 세입자로부터 관리소장이 직접 보증금을 받으며 시작되었다. 이 관리소장은 우선 세입자들과 전세 계약서를 작성한 후, 세입자 이름으로 월세 계약서를 위조했다. 실제 집주인에게는 월세 계약서를 전달하고, 매월 임차인의 이름으로 월세를 송금했다. 아무도 모르는 사이에 전세가 월세로 둔갑한 것이다. 이렇게 편취한 보증금을 들키지 않기 위해 관리소장은 꽤 오랜 기간 매월 집주인에게 월세를 입금했다.

부동산 중개업소 직원이 직접 보증금을 가로채고 달아난 사고도 있었다. 실제 부동산 사무실과 직원이 버젓이 있기에 세입자는 의심하지 않고 그 직원의 계좌로 보증금을 송금하였다. (물론 세상에는 정직한 관리소장과 공인중개사가 더 많다.)

이제 당신에게 대리인 계좌로 송금하라고 한다면 어떻게 해야 할까? 아무런 의심 없이 "네, 보내 드리겠습니다."라고 하는 대신 "집주인 계좌로 송금하겠습니다."라고 말할 수 있어야 한다. 상식적인 거래라면 세입자가 집주인 계좌로 돈을 보내는 것이 맞다. 혹시 집주인의 가족 계좌로 송금해야 하는 상황이 있다고 해도, 그런 일은 집주인과 그들이 알아서 해야 할 일이다. 손가락 몇 번 움직이면 다 되는 디지털 시대에 왜 굳이 당신에게 그 위험한 일을 대신하라는 것일까? 무조건 의심해 봐야 한다. 그런 거래는 하지 않는 편이 훨씬 낫다.

상속 중인 집, 돌아가신 분의 가족과 거래해도 될까?

임대인이 돌아가시게 되면 유족들이 부동산을 상속받게 된다. 그런데 이렇게 상속받은 부동산을 사용, 수익할 권한은 부동산 상속등기를 한 등기상의 소유자에게만 있다. 그런데 임대인이 갑자기 돌아가셔서 아직 상속등기 전이라면 누구와 계약해야 할까? 임대인 또는 대리인과 계약해야 하는데, 돌아가신 분과 계약할 수는 없다. 돌아가신 분이 위임장과 인감증명서를 남겼을 리도 없다.

상속 자체는 상속등기와 상관없이 유가족에게 비율대로 상속이 되기 때문에, 이럴 때는 과반의 유가족과 계약을 체결하는 방법밖에 없다. 지분에 따른 상속 비율은 배우자가 자녀보다 50% 가산된다. 예를 들어 배우자와 자녀 셋이 있을 경우 배우자1.5 대 자녀 셋 각각 1씩의 비율로 나뉜다.(1.5:1:1:1 유언이 있는 경우 제외) 위 같은 경우라면 적어도 배우자와 자녀 1명이 함께 참석하여 계약해야 지분의 반수 이상이 동의한 계약이 되어 문제가 없다. 상속등기 전 계약이므로 일단 사망확인서, 가족관계증명서, 배우자와 자녀의 신분증이 필요하다.

이렇게 계약을 했다면 특약 사항에 '잔금일 이전에 반드시 상속등기를 완료한다'는 내용을 꼭 넣고 등기를 확인한 후 잔금을 치러야 한다. 반드시 상속인 과반이 계약의 주체가 되어야 함을 잊어서는 안 된다.

집주인이 여러 명이라면?

임대인이 2명 이상인 집을 임대할 때는 '지분의 합'이 과반이 되어야 한다. 3명이 공동명의로 3분의 1씩 지분을 보유하고 있다면 지분의 합이 50%를 초과하도록 2명의 동의가 필요하다. 과반의 지분을 가진 임대인 모두가 계약일에 참석하지 못한다면 대리인 관련 서류인 위임장과 인감 증명서를 확인해야 한다.

만약 공유인 3명 중 1명의 지분이 과반이 넘는다면 단독으로 임대차 계약을 할 수 있다. 이처럼 2명 이상의 임대인이 있는 집을 임대할 때는 임대차 계약 종료 후 보증금을 반환할 임대인을 특약에 명시해 두는 것도 도움이 될 것이다.

역으로 세입자도 대리인 계약을 할 수 있을까?

집주인만 대리인 계약을 하라는 법은 없다. 세입자도 대리인 계약을 할 수 있다. 먼 거리, 직장, 개인 사정 등 기타 다양한 이유로 세입자의 대리인도 집주인과 계약할 수 있다. 필요한 서류는 마찬가지로 위임장, 인감증명서가 있다. 하지만 세입자는 집주인에게 돈을 주는 입장이므로 이렇게까지 까다롭게 확인하지 않기도 한다.

안전한 집 VS 위험한 집,
등기 쉽게 보는 법

치형은 "직거래로 집을 구했는데, 등기부등본을 볼 줄 몰라서 그냥 계약했어요."

현우는 "원룸 반전세 계약을 하려고 합니다. 이 집 안전한지 어떻게 알 수 있을까요?"

세훈은 "아파트 전세 계약을 하려고 해요. 등기부등본에서 뭘 확인해야 하는 거죠?"

진우는 "등기부등본을 왜 봐야 하나요?"

이렇게 부동산 등기에 관련된 질문은 차고 넘친다. 등기의 무엇을, 어떻게, 왜 보아야 하는지 말이다. 차근차근 알아보자.

등기사항증명서 = 집문서 = 집 자기소개서

내가 계약하려는 집에 문제가 없는지 어떻게 알 수 있을까? 임대차 계약을 하기 전, 반드시! 확인해야 할 서류는 **등기사항증명서**(등기부등본, 등기라고도 불림)이다. 별도의 조작이 불가능하고 내가 알고 있는 정보가 맞는지 확인할 수 있는 공적 장부이다.

등기사항증명서 = 집문서라고 생각하면 된다. '저를 소개할게요!'라고 하는, 일종의 집 자기소개서이다. 언제 태어났는지부터, 크기가 얼마나 되는지, 누가 갖고 있다가 누구한테 넘겼는지까지 집의 히스토리가 다 나온다.

귀찮은 '등기', 이렇게까지 확인해야 하는 이유는 뭘까?

등기만 제대로 볼 줄 알면 위험한 계약은 하지 않을 수 있고, 악성 임대인도 피해 갈 수 있다. 돈을 버는 것만큼 중요한 것이 내 돈을 잃지 않는 것이다. 사람들은 대체로 등기를 쉽게 생각하지만, 등기를 확인하지 않고 거래했다가 피해를 본 세입자가 실제로 꽤 많다. 그래서 등기를 제대로 확인하는 것은 그만큼 의미가 있다.

슬프지만 부동산 업계에서는 등기도 제대로 볼 줄 모르면서 중개 업무를 하는 중개보조원들도 많다. 간단한 내용만 알아 두어도 당신이 그들을 뛰어넘는 수준이 될 수 있다. 등기를 잘 알지 못한 채 부동산 업체에서 일하는 수많은 보조 직원이 당신의 보증금을 지켜줄 것이라고 안심하지 말자.

공인중개사가 되기 위해 백과사전만 한 등기법 책을 1년간 매일 공부하였다. 그만큼 중요한 내용이라는 뜻이다. 그렇다고 해도 어마어마한 등기법 내용 전체를 이 책에 다 옮긴다면? 생각만 해도 머리에 지진이 날 지경이다. 그렇지만 지레 겁먹을 필요는 없다. 최대한 간단하게 핵심만 설명할 것이다.

등기사항증명서 직접 확인해 보기

그러면 일단 등기사항증명서를 어떻게 얻는 지부터 알아보자. 등기를 발급받으려면 두 가지 방법이 있다. 1.직접 등기소에 가기 2.대한민국 법원 인터넷등기소에 접속하여 발급하기. 간단히 인터넷으로 발급하는 요령은 아래와 같다.

1. 대한민국 법원 인터넷등기소(www.iros.go.kr) 회원 가입하고 로그인한 후, '등기 열람/발급' 또는 '부동산등기 열람/서면발급' 탭을 누른다. 발급 서비스를 통하여 발급한 등기사항증명서는 법적 효력이 있으나, 법적으로 제출할 것이 아니고 확인만 한다면 열람 서비스로도 충분하다. 참고로 발급 비용은 1천 원, 열람 비용은 7백 원이다.

▲ [출처: 대한민국 법원 인터넷등기소]

2. 부동산 구분에서 아파트, 다세대, 오피스텔, 도시형생활주택은 '집합건물'로 선택하고 다가구, 단독주택은 '토지+건물'로 선택한다. 주택의 소재지와 지번을 입력한 후 검색을 누른다.

3. 부동산 소재 지번이 맞게 나오면 선택을 누르고, 결제를 누른다. 현재 유효사항

을 열람한다. 말소 사항에는 이미 지워진 과거 사항이 나와 있고, 현재 유효사

항은 현재 이 집에 대한 내용만 보여 준다.

등기 열람 수수료는 집합건물은 1건으로 보아 7백 원이다. 그 외 단독주택이나

다가구주택은 토지+건물의 2건으로 보아 1천 4백 원이다. 카드나 휴대전화, 계

좌이체 등 다양한 수단으로 결제가 가능하다.

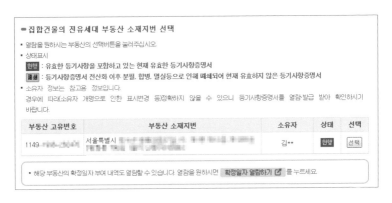

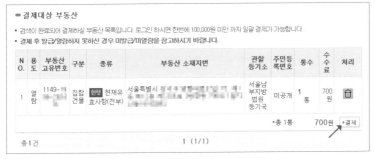

등기 열람이 어렵게 느껴져 도저히 못하겠다면 등기소에 직접 가면

된다. 등기소를 갈 시간이 없다면 인근 공인중개사사무소에 들어가서 등

기사항증명서를 요청하자. 그렇게라도 해서 꼭 봐야 할 서류가 바로 부

동산 등기이다.

등기사항증명서 표제부(건물의 표시)

이제 열람한 내용을 확인해 볼 차례이다. 등기사항증명서는 **표제부, 갑구, 을구** 세 부분으로 이루어져 있다. 표제부 – 건물의 표시, 갑구 – 소유권에 관한 사항, 을구 – 소유권 이외의 권리에 관한 사항이 적혀 있다.

등기의 첫 페이지는 표제부이다. 표제부는 집의 자기소개 중, 외관에 대한 부분이다. 어디에 있는지, 건물과 땅의 면적은 얼마나 되는지, 무엇으로 지어졌는지, 몇 층인지 확인할 수 있다. 사람으로 치면 키나 몸무게를 적은 신체검사 결과지와 같은 것이다.

[등기사항증명서 표제부 예시]

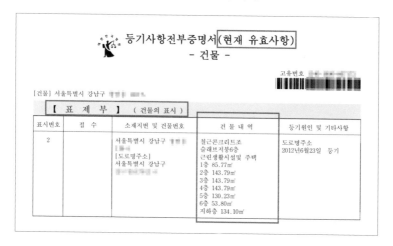

등기사항증명서 갑구(소유권에 대한 사항)

"나를 소유하고 있는 사람의 이름은 ○○○이에요." 갑구에서는 이 집 소유권자의 신상 정보를 확인할 수 있다. 집주인의 이름과 주소, 주민등록번호가 나와 있다. 집주인이 법인이면 법인등록번호가 기재되어 있다. 소유권에 대한 사항 이외에 갑구에 다른 내용이 없다면 괜찮다.

[등기사항증명서 갑구: 소유권에 관한 사항 예시]

【 갑 구 】	(소유권에 관한 사항)			
순위번호	등 기 목 적	접 수	등 기 원 인	권리자 및 기타사항
1 (전 8)	소유권이전	1990년1월6일 제696호	1989년11월15일 매매	소유자 서울특별시 강서구

만약 소유권 외에 다른 내용이 있다면 상당한 주의가 필요하다. 이를테면 압류, 가압류, 경매기입등기, 가처분, 가등기 등이 그것이다. 이는 곧 이 집에 금전적, 법률적 처분이 예정되어 있다는 뜻이다. 등기상 위의 내용들이 기재된 이후에 당신이 입주하게 된다면 법의 보호를 받지 못할 가능성이 크다.

갑구의 압류, 가처분, 경매기입등기가 정확히 무슨 뜻인지는 중요하지 않다. 그냥 외우면 된다. 위와 같은 단어가 눈에 띈다면 절대 계약해서는 안 된다. 갑구는 집주인의 신상 외에 다른 내용 없이 깨끗해야 한다.

아래 등기에는 압류, 임의경매개시결정 등이 지저분하게 적혔다가 빨간 줄로 지워져 있는 것을 볼 수 있다. 이 예시는 과거 2020년, 국민은행의 돈을 갚지 못하여 경매에 나온 집의 등기이다. 자세히 보면 광진구와 국민건강보험에 압류, 가압류가 걸려 있다. 세금도 체납한 것을 확인할 수 있다. 이 집은 결국 경매에 넘어갔다. (빨간색 줄로 지워진 부분은 지금은 말소가 된 부분 이다.)

[임의경매개시결정, 압류, 가압류 예시]

[토지] 서울특별시 ▒▒▒▒▒▒

순위번호	등 기 목 적	접 수	등 기 원 인	권 리 자 및 기타사항
				▒▒▒▒▒
3	압류	2019년1월16일 ▒▒▒▒	2018년12월11일 압류	권리자 광진구(서울특별시) 1133
4	3번압류등기말소	2019년2월1일	2019년1월31일 해제	
5	임의경매개시결정	2020년 ▒▒▒	2020년8월5일 서울동부지방법 원의 임의경매개시결 정	채권자 주식회사 국민은행 ▒▒▒ 서울 영등포구 국제금융로8길 26 (여의도동) (소관 : 여신관리센터)
6	▒▒▒▒	2020년8월31일 제152615호	2020년8월31일 압류(징수팀)	권리자 국민건강보험공단 ▒▒▒▒
7	2번가압류등기말소	2021년6월11일	2021년6월3일 해제	
8	▒▒▒ 서산압류	2021 ▒▒	2021년7월27일 압류(세무2과) ▒▒▒	권리자 광진구(서울특별시) 1133

이처럼 집주인이 돈을 빌려서 못 갚았거나 무슨 문제가 생겼다는 내용이 있다면? 눈에 보이진 않아도 집에 빨간 딱지가 붙은 것이라고 생각하자. 그 집은 곧 경매에 들어갈 수도, 집주인이 바뀔 수도 있다. 그러면 빈털터리로 보증금을 다 날린 채 쫓겨날 수도 있다. 시세보다 저렴해서 아쉽다, 입지가 좋아서 아깝다. 이런 생각은 쓰레기통에 버리자.

법은 조심, 또 조심하라는 확실한 경고장을 등기사항증명서에 누구나 볼 수 있게 해 두었다. 그런데도 확인하지 않거나 대수롭지 않게 생각한 사람에게는 냉정해지는 게 바로 법이다. 이런 등기를 보게 되었다면, 부디 뒤도 돌아보지 말고 도망쳐 소중한 보증금을 지키길 바란다.

등기사항증명서 을구(소유권 이외의 권리에 대한 사항)

등기의 을구에서는 근저당(저당), 전세권, 임차권 등을 주의하여 살펴보아야 한다.

근저당 = 대출

근저당은 "소유자가 이 집을 담보로 대출(융자)을 받았어요."라는 뜻이다. 대출받은 날짜, 금융권, 채권 최고액까지 쓰여 있다. 채권 최고액은 대출받은 금액을 뜻하며, 실제 대출금보다 110~130% 높은 금액으로 기록된다.

- 채권최고액 = 대출 원금(100%) + 대출을 갚지 못할 경우 연체 이자 및 손해배상액 10~30%
- 예) 채권최고액 1억 3천만 원 = 대출 원금(1억) + 연체 이자 및 손해배상액(3천만 원)

실제 빌려준 돈은 1억 원이지만, 문제가 생기면 이자까지 합쳐서 1억 3천만 원을 받아 가겠다는 것으로 해석하면 된다.

만에 하나 임대인이 대출금을 갚지 못한다면? 그래서 금융권은 받아야 할 미래의 이자와 손해배상액까지 미리 계산한다. 그리고 등기부등본에 기록하여 안전장치를 해두는 것이다. 정말 무시무시하지 않은가? 10원 한 장도 절대 손해를 보지 않겠다는 주도면밀한 계산이다.

[등기사항증명서 을구: 근저당권 예시]

【 을 구 】 (소유권 이외의 권리에 관한 사항)				
순위번호	등 기 목 적	접 수	등 기 원 인	권리자 및 기타사항
1	근저당권설정	2003년4월1일 제20474호	2003년4월1일 설정계약	채권최고액 금130,000,000원 채무자 ▓▓ ▓ 서울 서대문구 ▓▓▓ ▓ 근저당권자 주식회사국민은행 110111-2365321

전세권(세입자 있음) ≠ 전세

전세권은 "지금 이 집에 세입자가 살고 있어요."라고 등기부등본에 표시한 것이라고 이해하면 된다. 간혹 전세권 설정은 전세 세입자만 가능하다고 생각하지만 그렇지 않다. 월세 세입자도 가능하다. ('2-5. 전입신고 대신 보증금 지키는 기술'에서 더 자세히 언급 예정) 주로 전입신고를 할 수 없는 때에 보증금 보호의 수단으로 사용된다. 아래와 같이 전세권 설정 등기에는 임대차계약 기간과 보증금에 대한 내용이 포함되어 있다.

[을구: 전세권 예시]

[건물] 서울특별시 강남구 ▓▓▓ ▓▓▓▓▓

【 을 구 】 (소유권 이외의 권리에 관한 사항)				
순위번호	등 기 목 적	접 수	등 기 원 인	권리자 및 기타사항
9	전세권설정	▓▓▓ ▓▓▓ ▓▓▓	2012년▓▓ ▓▓▓ 설정계약	전세금 금1,500,000,000원 범 위 건물1층,2층전부 존속기간 2012년 4월 19일부터 2022년 4월 18일까지 전세권자 ▓▓▓▓▓▓ ▓▓ ▓▓▓▓▓▓

-- 이 하 여 백 --

관할등기소 서울중앙지방법원 등기국

열 람 용

대부분의 세입자들은 전입신고＋확정일자로 충분하기에 전세권 설정 등기를 굳이 하지 않는다. 그러나 일부 전입신고가 어려운 세입자들은 본인의 권리를 보호하기 위해 전세권 등기를 한다. 계약하려고 할 때 '전세권'이 등록된 상태라면 나보다 먼저 살고 있는 세입자가 있다는 뜻이며, 내가 뒤로 밀려난다는 소리다.

여러분이 집합건물(아파트, 오피스텔, 도시형생활주택, 다세대주택)에 입주한다면 잔금일 이전에 꼭 전세권의 삭제(등기부등본상 말소)를 요청하여야 한다. 단 한 명만 살 수 있는 집에 나보다 우선해 있는 다른 세입자가 있다는 뜻이기 때문이다.

이와는 별도로 등기상 토지+건물로 구성되어 있는 단독주택, 다가구 주택에 입주하는 상황이라면 이미 여러 명의 임차인이 살고 있을 것이다. 현 계약 시점에서 당신은 가장 후순위이며, 먼저 살던 세입자가 나가면 한 단계씩 순위가 앞당겨진다. 그렇기 때문에 입주할 당시의 시세는 반드시 전체 세입자의 보증금과 근저당을 합친 것을 넘어서야 한다.

 • 안전한 집: 집의 시세 > 전체 세입자 보증금 + 대출금

집을 팔아서 세입자와 은행에 돈을 다 주고도 돈이 남아야 안전한 집이다.

임차권 = 보증금 돌려주지 않음

임차권은 "집주인이 세입자의 보증금을 돌려주지 않고 있어요."라고 동네방네 소문내는 것이다. 먼저 살고 있던 세입자가 보증금을 돌려받지 못하여 법원에 신청하는 등기이다. 이렇게 임차권등기명령이 되어 있다면, 현재 집주인은 먼저 입주한 세입자에게 줄 돈도 없다는 이야기가 된다. 그렇다면 나 역시 보증금을 돌려받지 못할 확률이 높다. 그런데도 이임대인을 믿고 계약할 수 있을까? 이는 돈 없는 임대인에게 아무 대가 없이 보증을 서 주는 것이나 다름없다. 갚을 능력이 없는 사람한테 돈을 빌려주는 것과 같다.

갑구만큼 유심히 살펴보아야 할 부분이 을구이다. 을구에는 이 집에

대한 속사정이 낱낱이 기록되어 있다. 말하자면 공적인 가계부 같은 것이다. 소유권 이외의 권리를 다루며, 집의 외형만 보아서는 알 수 없었던 집주인의 주머니 사정을 볼 수 있다. 그만큼 꼼꼼히 확인하고 또 확인해야 한다. 많은 문제들이 을구를 확인하지 못한 틈을 타 일어난다. 제대로 볼 줄 안다면 사건 사고의 위험을 줄일 수 있다고 확신한다.

얼굴이 잘생기고, 키도 훤칠하여 체격이 좋은 사람이 있다. 그런데 이 사람의 심장, 위장, 폐에 치명적인 병이 있다면 건강하다고 말할 수 있을까? 그럴 수 없을 것이다. 집이 크고 예쁘고 너무 좋은데 을구에 무엇인가 많이 적혀 있다면 반드시 다시 살펴봐야 한다. 집도 겉만 번지르르하고 내부는 건강하지 않을 수 있다. 물론 을구에 아무것도 없다면 안심하고 입주해도 괜찮다.

등기의 내용이 복잡해서 정신없을 때도 있다. 그럴 때는 '요약본'을 함께 출력하면 더 쉽게 등기를 해석할 수 있다. 아래와 같이 등기요약본을 통해 소유자와 전세권자만 있다는 사실을 간편하게 확인할 수 있다.

[등기사항 요약본]

주요 등기사항 요약 (참고용)

[주 의 사 항]

본 주요 등기사항 요약은 증명서상에 말소되지 않은 사항을 간략히 요약한 것으로 증명서로서의 기능을 제공하지 않습니다.
실제 권리사항 파악을 위해서는 발급된 증명서를 꼭 확인하시기 바랍니다.

고유번호 ▮▮▮▮▮▮▮▮

[건물] 서울특별시 강남구 ▮▮▮▮ ▮▮▮▮

1. 소유지분현황 (갑구)

등기명의인	(주민)등록번호	최종지분	주　　　소	순위번호
▮▮▮▮	▮▮▮▮▮▮	단독소유	▮▮▮▮▮▮▮▮▮▮	2

2. 소유지분을 제외한 소유권에 관한 사항 (갑구)
- 기록사항 없음

3. (근)저당권 및 전세권 등 (을구)

순위번호	등기목적	접수정보	주요등기사항	대상소유자
9	전세권설정	▮▮▮▮	전세금 금1,500,000,000원 전세권자　한국▮▮▮▮	▮▮▮

[참 고 사 항]
가. 등기기록에서 유효한 지분을 가진 소유자 혹은 공유자 현황을 가나다 순으로 표시합니다.
나. 최종지분은 등기명의인이 가진 최종지분이며, 2개 이상의 순위번호에 지분을 가진 경우 그 지분을 합산하였습니다.
다. 지분이 통분되어 공시된 경우는 전체의 지분을 통분하여 공시한 것입니다.
라. 대상소유자가 명확하지 않은 경우 '확인불가'로 표시될 수 있습니다. 정확한 권리사항은 등기사항증명서를 확인하시기 바랍니다.

등기는 한 번만 확인하면 될까?

등기는 최소한 두 번 이상의 확인이 필요하다. 계약하기 전에 한 번, 잔금을 송금하기 전에 한 번 더, 전입신고 이후에 또 한 번 확인하면 더 좋다. 계약 후 잔금일까지 등기 상태가 변경될 시간은 충분하기 때문이다. 그리고 등기 열람 중 '등기 사건 신청 중'이라는 표시가 있다면 각별히 주의해야 한다. 다음에 다시 열람해서 확인해야 한다. 대부분의 공인중개사가 두 번 이상 등기사항증명서를 확인해 주겠지만, 만약 잔금 전에 확인해 주지 않는다면 등기 열람을 해 달라고 요청하거나, 직접 발급받아서 확인해 보자. 계약 전에 확인했으니 별일 없다며 등기 확인을 안일하게 하거나 귀찮아 한다면 나쁜 중개인이다.

등기를 다시 확인하기 전에는 절대 잔금을 보내서는 안 된다. 1분이라는 짧은 시간과 7백 원이라는 적은 비용으로 안전한 계약인지 확인할 수 있다. 귀찮다며, 돈 아깝다며 그냥 넘기기에 당신의 보증금은 꽤 큰 돈이다. 사고가 난 이후에는 국가도 대신 지켜 주지 않는다는 것을 명심하자.

집합건물은 등기 한 건, 그 외 등기 두 건(토지+건물)

아파트, 다세대 빌라, 오피스텔, 도시형 생활주택 등은 집합건물에 해당한다. 아래와 같이 집합건물은 토지와 건물의 내용이 한 건의 등기에 모두 나와 있다.

반면에 집합건물 외 주택에는 토지와 건물에 대해 두 건의 등기로 각
각 구분되어 있다. 단독주택, 다가구주택이 이에 해당한다. 그래서 건물
등기 & 토지등기를 둘 다 확인하고, 두 등기의 내용이 같은지 확인해야
한다. 예를 들어 건물에는 없는 근저당(대출)이 토지에는 설정되어 있는 경
우도 있으니 말이다. 혹여 내 권리에 영향을 미치는 것은 없는지 두 건의
등기를 모두 열람하여 확인하는 절차가 꼭 필요하다. 아래의 예시에는
토지와 건물의 갑구와 을구가 일치한다.

[건물의 등기사항증명서]

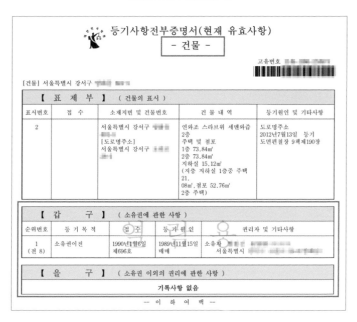

등기사항전부증명서(현재 유효사항)
- 건물 -

고유번호 ▓▓▓▓▓▓▓▓▓

[건물] 서울특별시 강서구 ▓▓▓ ▓▓▓

【 표 제 부 】 （건물의 표시）				
표시번호	접 수	소재지번 및 건물번호	건물 내역	등기원인 및 기타사항
2		서울특별시 강서구 ▓▓▓ ▓▓▓ [도로명주소] 서울특별시 강서구 ▓▓▓ ▓▓▓	연와조 스라브위 세멘와즙 2층 주택 및 점포 1층 73.84㎡ 2층 73.84㎡ 지하실 15.12㎡ (지층 지하실 1층중 주택 21.08㎡, 점포 52.76㎡ 2층 주택)	도로명주소 2012년7월13일 등기 도면편철장 9책제190장

【 갑 구 】 （소유권에 관한 사항）			
순위번호	등 기 목 적	접 수	등 기 원 인	권리자 및 기타사항
1 (전 8)	소유권이전	1990년1월6일 제696호	1989년11월15일 매매	소유자 ▓▓ ▓▓▓-▓▓▓▓▓ 서울특별시 ▓▓▓ ▓▓▓▓▓

【 을 구 】 （소유권 이외의 권리에 관한 사항）
기록사항 없음

— 이 하 여 백 —

[토지의 등기사항증명서]

등기사항전부증명서(현재 유효사항)
- 토지 -

고유번호 ▓▓▓▓▓▓▓▓

[토지] 서울특별시 강서구 ▓▓▓▓

【 표 제 부 】 （토지의 표시）				
표시번호	접 수	소 재 지 번	지 목	면 적	등기원인 및 기타사항
1 (전 1)	1983년5월30일	서울특별시 강서구 ▓▓▓	대	165㎡	

【 갑 구 】 （소유권에 관한 사항）			
순위번호	등 기 목 적	접 수	등 기 원 인	권리자 및 기타사항
1 (전 7)	소유권이전	1990년1월6일 제696호	1989년11월15일 매매	소유자 ▓▓▓▓▓ 서울특별시 ▓▓▓ ▓▓▓ ▓▓▓▓

【 을 구 】 （소유권 이외의 권리에 관한 사항）
기록사항 없음

— 이 하 여 백 —

관할등기소 서울남부지방법원 등기국

계약서 1,000건 쓴 공인중개사가 알려주는 계약서의 모든 것

부동산 계약이 처음인 우성이 전화를 걸어왔다.

"내일 계약서를 쓰기로 했는데, 뭘 어떻게 해야 할지 모르겠어. 무엇을 준비하고 확인해야 해?"

정해진 시간에 방대한 계약서 내용을 다 읽고 이해하기란 어려울 수 있다. 미리 예습 정도는 해두는 게 좋다.

계약일에 준비해야 할 것에 대해 알아보자

준비물: 신분증, 도장, 계약금

신분증은 나를 입증하는 주민등록증, 운전면허증, 여권 등이면 된다.

도장은 꼭 인감도장일 필요는 없고, 막도장도 괜찮다. 도장을 챙기지 못했다면 사인으로 대신하거나 엄지손가락에 인주를 묻혀 도장 대신 찍어도 괜찮다.

계약 당일에는 계약금을 준비해야 한다. 계약금은 통상 보증금의 10% 이다. 계약금은 현금으로 주고받는 일이 거의 없다. 예전에는 현금으로 주고받고 영수증을 받기도 했지만 요즘에는 그런 일이 거의 없다. 세입자가 계약금을 보냈다는 것이 입증되도록 집주인의 계좌로 송금하는 것이 좋다. 계약금을 이체할 수 있도록 텔레뱅킹, 인터넷뱅킹, 모바일뱅킹이 가능한지 확인해 두자. 보안카드, OTP 카드도 함께 준비한다. 계약서를 작성하러 부동산에 가기 전에 준비물은 이 정도면 되었다.

계약일에는 조금 일찍 부동산에 도착하는 것이 좋다. 집주인이 오기전에 계약서에 어떤 내용이 들어갈 것인지, 법적으로 문제가 없는지 미리 확인해 보자. 계약서에 원하는 내용을 넣어달라고 요청할 수도 있다. 그리고 공인중개사를 통해서 등기사항증명서와 건축물대장(반드시 계약일에 발급한 것)을 확인해 보자. 중개사가 확인해 주지 않거나 깜빡하더라도 당당히 요청하자. 서류 좀 확인해 보겠다고 말이다.

자, 부동산에 도착하여 서류도 확인했고 집주인도 왔다면 이제 계약서 작성 단계이다. 계약서 작성, 어렵게 생각할 필요 없다. 미리 예습을 할 테니, 계약일에는 그저 이상한 부분이 없는지, 오탈자가 없는지만 확인하면 되겠다.

계약서는 크게 네 부분으로 나뉘어 있다. 1. 부동산의 표시 2. 계약 내용 3. 특약 사항 4. 인적 사항이다.

1. 부동산의 표시: 집 주소 및 면적

부동산의 표시 부분은 소재지(주소)와 임대할 부분의 면적과 범위가 기록된다. '주소가 다르다고 큰일 있겠어?'라고 생각하는 경우가 많다. 그러나 주소와 임대할 부분이 잘못 기록되어 있으면 절대 안 된다.

주소와 호수가 잘못 적혀 있으면 다른 주소에 전입신고를 하게 된다. 이는 세입자에게 상당히 치명적인 약점이 된다. 다른 주소로 신고하면 대항력을 갖추지 못한다. 뒤에서 자세히 살펴보겠지만, 대항력은 제3자에게 임대차 계약을 했다고 주장할 수 있는 권리이다.

[계약서 부동산의 표시 예시]

2. 계약 내용: 계약의 주요 사항

계약에서 제일 중요한 부분인 계약 기간, 임대 금액에 대해 적는다.

[제1조] 임대 계약에 대한 내용이 들어간다. **계약금**이란 이 집에 입주

를 약속하기 위해 지불하는 돈으로, 보증금의 10% 정도로 정하는 것이 일반적이다. 하지만 서로의 상황에 따라 조금 더 줄 수도 조금 덜 줄 수도 있다. **잔금**은 보증금에서 계약금을 주고 남은 돈이다. 보증금이 1억 원, 계약금이 1천만 원이라면 잔금은 9천만 원이다. 중도금은 중간에 주는 돈인데, 부동산 매매거래에는 있지만 임대차 계약에서는 거의 없는 편이다.

잔금 지급일은 이사하는 날짜로 적으면 된다. 잔금 지급일에 돈만 송금하고 이삿짐은 그 뒤에 들어와도 상관없다.

차임은 월세가 얼마인지 적고, 선불인지 후불인지에 따라 표시를 해 준다.

보증금, 월세, 계약 기간이 틀림없이 적혀 있는지, 계약 전에 합의한 그대로 인지 다시 한번 확인해 보자.

[제2조] 존속 기간, 다시 말해 계약 기간에 대한 항목이다. 계약 기간은 어떻게 정하느냐는 질문을 많이 받는데, 정하기 나름이지만 통상적으로 1년 또는 2년으로 한다. 월세는 1년, 전세는 2년으로 적용하기도 한다. 그러나 이 또한 정해진 것은 아니다. 원룸이나 오피스텔은 1년 계약을 선호하기도 하고, 아파트는 2년 계약을 선호한다. 집주인이 1년마다 월세를 올릴 생각에 1년을 요구하기도 하고, 자주 세입자가 바뀌는 것을 싫어하는 집주인이라면 2년 계약을 선호하기도 한다.

제3조부터 제9조까지 깨알같이 작은 글씨로 적혀 있는 내용은 계약의 일반적인 사항이지만 숙지하여야 할 부분이다.

[제3조] [제4조] 집주인의 동의 없이 집 구조를 변경하거나, 다른 사람에게 전대하면 안 된다는 내용과 위반 시의 계약 해지에 대한 내용이다. 예를 들면 집 내력벽을 허무는 행위, 발코니를 확장하는 행위 등이다. '전대'란 세입자가 집주인에게 빌린 집을 다시 다른 사람에게 빌려주는 것이다. 말없이 구조를 변경하거나 다른 사람에게 빌려줬다가는 집주인이 집에서 나가라고 할 수 있다. 물론 집주인이 동의한다면 이 모든 것은 아무 문제없다.

[제5조] 계약이 종료되면 세입자는 처음 이사 왔을 때와 같은 상태로 집을 복구해 두고 이사를 해야 한다는 내용이다. 이삿짐을 다 옮겼다면 집주인은 세입자에게 보증금을 반환해야 한다. 다만 세입자가 월세나 관리비 등을 밀렸다면 보증금에서 제외하고 반환할 수 있다.

[제6조] 계약을 깨고 싶다면? 돈이면 해결된다. 세입자는 계약금을 포기하고, 집주인은 받은 계약금을 두배로 돌려주면 계약을 해제할 수 있다. 예를 들어 계약금이 1천만 원이라고 치자. 세입자는 1천만 원을 포기하면, 그리고 집주인은 2천만 원을 세입자에게 주면 계약 해지를 할 수 있다.

[제7조] 예를 들어 세입자가 잔금일에 잔금을 치르지 않았다. 또는 집주인의 과실로 세입자가 입주일에 이사할 수 없게 되었다. 그러면 상대방은 손해배상청구를 할 수 있다는 내용이다. 손해배상 금액을 미리 결정하지 않았다면? 계약금을 손해배상액으로 본다.

[제8조] 7조와 같이 세입자가 잔금을 못 치렀거나, 기타 다른 이유로 집주인 때문에 계약이 해제되더라도 집주인과 세입자는 공인중개사에게 중개수수료를 지급한다. 다만 공인중개사의 고의나 과실로 계약이 해제된 것이라면 중개 보수를 지급하지 않아도 된다.

[제9조] 공인중개사는 계약서와 더불어 확인설명서, 공제 증서와 같은 업무보증 관계 증서를 세입자와 집주인에게 주어야 한다. 한마디로 고객에게 중요한 서류를 잘 챙겨주라는 내용이다. 공인중개사의 의무를 잘 이행하라는 뜻으로, 어떤 서류인지는 뒤에서 자세히 알아보자.

[계약서 2조 ~ 9조 예시]

2. 계약내용
제 1 조 (목적) 위 부동산의 임대차에 대하여 합의에 따라 임차인은 임대인에게 임차보증금 및 차임을 아래와 같이 지급하기로 한다.

보 증 금	금	이억원정 (₩200,000,000)		
계 약 금	금	이천만원정은 계약시에 지급하고 영수함. 영수자 (홍 길 동 ㉫)		
중 도 금	금	원정은	년 월 일에 지급하며	
잔 금	금	일억팔천만원정은 2024년 12월 25일에 지급한다.		
차 임	금	오십만원정은 (선불로) 매월 25일에 지급한다.		

제 2 조 (존속기간) 임대인은 위 부동산을 임대차 목적대로 사용 수익할 수 있는 상태로 2024년 12월 25일까지 임차인에게 인도하며, 임대차 기간은 인도일로부터 2026년 12월 25일까지로 한다.
제 3 조 (용도변경 및 전대 등) 임차인은 임대인의 동의없이 위 부동산의 용도나 구조를 변경하거나 전대 임차권 양도 또는 담보제공을 하지 못하며 임대차 목적 이외의 용도로 사용할 수 없다.
제 4 조 (계약의 해지) 임차인이 제3조를 위반하였을 때 임대인은 즉시 본 계약을 해지 할 수 있다.
제 5 조 (계약의 종료) 임대차계약이 종료된 경우에 임차인은 위 부동산을 원상으로 회복하여 임대인에게 반환한다. 이러한 경우 임대인은 보증금을 임차인에게 반환하고, 연체 차임 및 관리비 또는 손해배상금이 있을 때는 이를을 제하고 그 잔액을 반환한다.
제 6 조 (계약의 해제) 임차인이 임대인에게 중도금(중도금이 없을 때는 잔금)을 지불하기 전까지, 임대인은 계약금의 배액을 상환하고, 임차인은 계약금을 포기하고 본 계약을 해제할 수 있다.
제 7 조 (채무불이행과 손해배상) 임대인 또는 임차인이 본 계약상의 내용에 대하여 불이행이 있을 경우 그 상대방은 불이행한 자에 대하여 서면으로 최고하고 계약을 해제 할 수 있다. 그리고 계약 당사자는 계약해제에 따른 손해배상을 각각 상대방에 대하여 청구할 수 있으며, 손해배상에 대하여 별도의 약정이 없는 한 계약금을 손해배상의 기준으로 본다.
제 8 조 (중개보수) 개업공인중개사는 임대인과 임차인이 본 계약을 불이행함으로 인한 책임을 지지 않는다. 또한, 중개보수는 본 계약체결과 동시에 계약 당사자 쌍방이 각각 지불하며, 개업공인중개사의 고의나 과실없이 본 계약이 무효 취소 또는 해제되어도 중개보수는 지급한다. 공동중개인 경우에 임대인과 임차인은 자신이 중개 의뢰한 개업공인중개사에게 각각 중개보수를 지급한다.(중개보수는 거래가액의 _____%로 한다.)
제 9 조 (중개대상물확인 설명서 교부 등) 개업공인중개사는 중개대상물 확인 설명서를 작성하고 업무보증관계증서(공제증서 등) 사본을 첨부하여 계약체결과 동시에 거래당사자 쌍방에게 교부한다.

3. 특약 사항, 계약서에서 가장 중요한 내용

특약 사항, 줄여서 특약이라고 부르며 '특별한 조건을 붙인 약속'이다. 계약 내용에서 세입자와 집주인 간의 특별한 협의가 있었던 내용을 넣게 된다. 공인중개사에게 특약 사항을 적어주도록 요청할 수 있으며 계약의 어떤 내용보다도 특약 사항이 앞서기에 신중하게 작성해야 한다.

대체로 특약 사항은 집주인에게 유리한 것이 많다. 그러니 세입자가 꼼꼼히 확인해 보고 본인의 상황에 맞춰 작성할 수 있도록 해야 한다. 특약 사항을 요청하는 것은 부끄러운 일이 아니다. 공인중개사에게 미리 언질을 주어 특약 사항으로 피해를 보는 일이 없도록 해야 한다.

[계약서 특약 예시]

특약사항
본 계약을 증명하기 위하여 계약 당사자가 이의 없음을 확인하고 각각 서명.날인 후 임대인, 임차인 및 개업공인중개사는 매장마다 간인하여, 각각 1통씩 보관한다.   년   월   일

관리비에 대한 특약

관리비와 공과금은 잔금 이전에는 임대인이, 잔금 이후에는 임차인이 부담한다. or 관리비 10만 원[인터넷, 수도 요금 포함], 전기, 가스요금 별도이다.

주차에 대한 특약

주차는 선착순으로 한다. or 주차는 1대 무료이며, 지정석은 A-1 번이다. or 주차는 1대 유료이며 임차인은 입주일부터 매월 1일 주차 요금 5만 원을 부담한다.

옵션에 대한 특약

옵션은 세탁기, 냉장고, 에어컨이며 노후로 인한 고장의 경우 임대인이 수리하며, 고의 파손의 경우 임차인이 수리하기로 한다.

계약금, 잔금의 일정이 일반적이지 않거나 퇴실 청소비, 반려동물과 관련된 특약, 계약 만기에 서로 얼마의 시간 전에 고지할 것인지에 대한 이야기를 적기도 한다.

4. 인적 사항, 서명, 날인

세입자, 집주인과 공인중개사의 인적 사항을 적는다. 세입자와 집주인의 주민등록번호도 오류가 있어서는 안 된다. 세입자가 전입신고할 때 문제가 될 수 있기 때문이다. 집주인과 세입자는 신분증으로 서로의 신분을 확인한다. 더불어 집주인의 인적 사항이 건축물대장, 등기부등본, 신분증 모두 동일한지 확인하자. 만약 다르다면 절대 계약하지 말고 쏜살같이 도망쳐야 한다.

이제 계약서를 확인했다면 똑같은 계약서 3부를 작성한다. 집주인, 세입자, 공인중개사가 각각 1장씩 나누어 갖기 위해서다. 공인중개사사무소가 2곳이라면 총 4부를 만들어 나누어 갖는다. 동일한 계약서를 3명 또는 4명이 나눠 가지며, 이를 통해 계약의 증거가 되는 것이다.

집주인은 임대인 성명에 이름을 쓰고 도장을 찍는다. 세입자는 임차인 성명에 이름을 쓰고 도장을 찍는다. 부동산 중개업소는 개업공인중개사 성명에 이름을 쓰고 도장을 찍는다. 이렇게 이름을 쓰고 도장을 찍는 행위를 **서명, 날인**이라고 한다. 도장을 챙겨오지 않았다면 사인으로 대신할 수 있으니 당황하지 않아도 된다.

[계약서의 인적 사항 서명 날인 예시]

임대인	주　소							㊞
	주민등록번호			전　화		성　명		
	대　리　인	주　소		주민등록번호		성　명		
임차인	주　소							㊞
	주민등록번호			전　화		성　명		
	대　리　인	주　소		주민등록번호		성　명		
개업공인중개사	사무소소재지			사무소소재지				
	사무소명칭			사무소명칭				
	대　표	서명및날인	㊞	대　표	서명및날인			㊞
	등록번호		전화	등록번호			전화	
	소속공인중개사	서명및날인	㊞	소속공인중개사	서명및날인			㊞

주택임대차 관련 분쟁은 전문가로 구성된 대한법률구조공단 분쟁조정위원회에서 신속하고 효율적으로 해결할 수 있습니다.(국번없이 132)

KAR 한국공인중개사협회

표준임대차계약서

집주인이 '민간임대주택 임대사업자'라면 '표준임대차계약서'를 이용해 계약을 해야 한다. 일반적인 계약서와 비슷하지만, 민간임대주택에 대한 세부 사항을 적어야 하고, 민간 임대주택에 관한 특별법 사항이 자세히 기재되어 있다. 표준임대차계약서는 총 6쪽이므로 계약서 사이에 도장을 찍는 **간인**을 하여 마무리한다.

꼼꼼하게, 계약 관련 서류 챙기기

계약일에는 계약서 외의 서류들도 챙길 것들이 좀 많다. 무능하거나 게으른 중개인을 제외하고는 대부분의 공인중개사가 챙겨줄 것이다. 다만 계약 전에 어떤 서류가 필요한지 미리 알고 있는 것이 좋다. 그래야 혹시 누락되더라도 스스로 요구할 수 있다. 등기사항증명서, 건축물대장, 중개대상물 확인설명서, 계약금 영수증, 부동산 공제 증서(또는 보증보험증권) 등이 계약일에 받을 문서이다.

중개대상물 확인설명서

우리가 가전제품을 사면 꼭 함께 오는 것이 있다. 바로 설명서이다. 제품에 관한 각종 사항을 알 수 있도록 적어주는 것이다. 이 제품은 이런 기능이 있다, 이런 현상은 고장이 아니다 등등. 그러면 우리는 이 제품이 어떤 것인지 한눈에 파악하기가 수월하다. 그리고 좀 더 능숙하게 전자제품을 사용할 수 있다.

중개대상물 확인설명서는 말은 어렵지만 '집 사용 설명서'다. 계약서, 등기사항증명서, 건축물대장을 기준으로 작성되는데, 집을 한눈에 파악할 수 있는 중요한 서류이다. 소유주는 누구이고, 등기상에 어떤 권리가 있으며, 면적은 얼마나 되는지, 교통 접근성 및 내부 시설물에 문제는 없는지, 중개수수료는 얼마인지 등이 상세히 기록되어 있다. 총 4장으로 구성되어 있다. 각 부분마다 중요한 내용이 포함되어 있다.

① 대상물건의 표시

확인·설명 근거 자료로는 대체로 등기사항증명서, 건축물대장을 발급해서 주는 것이 일반적이다. 최근에 추가된 전입세대확인서, 확정일자 부여현황, 국세 및 지방세 납세증명서도 임대인이 제출했다면 공인중개

사가 근거자료 항목에 표시한다. 등기권리증은 집문서의 원본으로 소유
주만이 가지고 있는 것이고, 등기사항증명서는 누구든 발급하여 현 소유
주를 확인할 수 있도록 공공기관에 보관 중인 집문서 사본이다.

대상물건의 표시는 토지와 건물에 대한 내용이다. 건축물대장상 용도
와 위반 사항이 있는지 적는다. 확인설명서를 받는다면 빨간색 네모 칸
안의 내용을 잘 봐야 한다. 주택이 아닐 경우 전입신고, 대출, 보증보험
등에 제약이 있기 때문이다.

[중개대상물 확인 · 설명서]

■ 공인중개사법 시행규칙 [별지 제20호서식] 〈개정 2024. 7. 2.〉 (6쪽 중 제1쪽)

중개대상물 확인 · 설명서[I] (주거용 건축물)

(주택 유형: [ ]단독주택   [ ]공동주택   [ ]주거용 오피스텔)
(거래 형태: [ ]매매 · 교환 [ ]임대)

확인 · 설명 자료	확인 · 설명 근거자료 등	[ ]등기권리증 [✔]등기사항증명서 [ ]토지대장 [✔]건축물대장 [ ]지적도 [ ]임야도 [ ]토지이용계획확인서 [✔]확정일자 부여현황 [✔]전입세대확인서 [✔]국세납세증명서 [✔]지방세납세증명서 [ ]그 밖의 자료( )
	대상물건의 상태에 관한 자료요구 사항	

유의사항		
개업공인중개사의 확인 · 설명 의무		개업공인중개사는 중개대상물에 관한 권리를 취득하려는 중개의뢰인에게 성실 · 정확하게 설명하고, 토지대장 등본, 등기사항증명서 등 설명의 근거자료를 제시해야 합니다.
실제 거래가격 신고		「부동산 거래신고 등에 관한 법률」 제3조 및 같은 법 시행령 별표 1 제1호마목에 따른 실제 거래가격은 매수인이 매수한 부동산을 양도하는 경우 「소득세법」 제97조제1항 및 제7항과 같은 법 시행령 제163조제11항제2호에 따라 취득 당시의 실제 거래가액으로 보아 양도차익이 계산될 수 있음을 유의하시기 바랍니다.

I. 개업공인중개사 기본 확인사항

① 대상물건의 표시	토지	소재지			
		면적(㎡)		지목	공부상 지목
					실제 이용 상태
	건축물	전용면적(㎡)			대지지분(㎡)
		준공년도 (증개축년도)		용도	건축물대장상 용도
					실제 용도
		구조		방향	(기준:)
		내진설계 적용여부		내진능력	
		건축물대장상 위반건축물 여부	[ ]위반 [✔]적법	위반내용	

92

②③ 권리관계, 토지이용계획, 공법상 이용제한 및 거래 규제에 관한 사항

권리관계는 소유권자 및 소유권 외의 권리사항(근저당, 압류 등)을 기재하여야 한다.

이는 등기에서 확인한 내용과 일치하여야 한다. 특히 소유권 외의 권리사항은 중요한 부분이다.

토지이용계획, 공법상 이용제한에 관한 내용은 매매와 신축에서 중요한 내용으로 임대차 계약에서는 생략해도 괜찮다.

[확인설명서 ② ③ 예시]

② 권리관계	등기부 기재사항		소유권에 관한 사항		소유권 외의 권리사항		
		토지			토지		
		건축물			건축물		

③ 토지이용 계획, 공법상 이용제한 및 거래규제에 관한 사항 (토지)	지역·지구	용도지역	임대차 - 생략 가능		건폐율 상한	용적률 상한
		용도지구			%	%
		용도구역				
	도시·군 계획 시설	허가·신고 구역 여부	[ ]토지거래허가구역			
		투기지역 여부	[ ]토지투기지역 [ ]주택투기지역 [ ]투기과열지구			
	지구단위계획구역, 그 밖의 도시·군관리계획		그 밖의 이용제한 및 거래규제사항			

④ 임대차 확인 사항

전세 사기로 손해를 보는 세입자가 많다 보니 2024년 7월 10일부터 확인설명서에 새롭게 추가된 항목이다. 먼저 입주한 세입자의 보증금과 집주인의 세금 납부에 관한 내용이다. 집주인이 관련 자료를 제출하거나 세입자가 열람하도록 동의했는지 표시한다.

선순위 근저당이 있으면, 소액 임차인의 범위와 세입자의 최우선변제 금액도 확인할 수 있도록 적는다. 그동안 세입자 스스로 알아볼 방법이 없었던 걱정거리였는데, 이제라도 추가되어 다행이라는 생각이 든다.

[확인설명서 ④ 예시]

④ 임대차 확인사항	확정일자 부여현황 정보		[ ] 임대인 자료 제출 [ ] 열람 동의				[ ] 임차인 권리 설명
	국세 및 지방세 체납정보		[ ] 임대인 자료 제출 [ ] 열람 동의				[ ] 임차인 권리 설명
	전입세대 확인서		[ ] 확인(확인서류 첨부) [ ] 미확인(열람·교부 신청방법 설명) [ ] 해당 없음				
	최우선변제금	소액임차인범위:	만원 이하		최우선변제금액:		만원 이하
	민간 임대 등록 여부	등록 [ ]	[ ] 장기일반민간임대주택 [ ] 공공지원민간임대주택 [ ] 그 밖의 유형( )				[ ] 임대보증금 보증 설명
			임대의무기간		임대개시일		
		미등록 [ ]					
	계약갱신 요구권 행사 여부		[ ] 확인(확인서류 첨부) [ ] 미확인 [ ] 해당 없음				
개업공인중개사가 " ④ 임대차 확인사항"을 임대인 및 임차인에게 설명하였음을 확인함				임대인			(서명 또는 날인)
				임차인			(서명 또는 날인)
				개업공인중개사			(서명 또는 날인)
				개업공인중개사			(서명 또는 날인)

※ 민간임대주택의 임대사업자는 「민간임대주택에 관한 특별법」 제49조에 따라 임대보증금에 대한 보증에 가입하여야 합니다.
※ 임차인은 주택도시보증공사(HUG)가 운영하는 전세보증금반환보증에 가입할 것을 권고합니다.
※ 임대차 계약 후 「부동산 거래신고 등에 관한 법률」 제6조의2에 따라 30일 이내 신고해야 합니다(신고 시 확정일자 자동부여).
※ 최우선변제금은 근저당권 등 선순위 담보물권 설정 당시의 소액임차인범위 및 최우선변제금액을 기준으로 합니다.

⑤⑥⑦ 입지 조건, 관리에 관한 사항, 비선호시설
⑧⑨ 거래 예정 금액 등, 취득 시 부담할 조세의 종류 및 세율

입지 조건은 도로와의 접근, 대중교통, 주차장 및 학교에 대해 적는다. 경비실 유무와 관리 주체에 대한 내용만 있던 과거와 달리, 관리비에 대한 사항도 최근에 보완되었다. 월 평균 관리비를 적고, 관리비에 포함되는 항목과 부과 방식에 대해 적는다. 집주인이 부과하는 관리비 항목을 세입자가 투명하게 볼 수 있도록 개정된 것으로 보인다.

비선호시설은 집에서 1km 이내에 화장장, 봉안당, 묘지, 쓰레기 및 분뇨처리장 등 혐오 시설이 있는지 알아볼 수 있게 표시한다.

거래 예정 금액은 임대차 계약한 보증금과 월세를 쓴다. 취득 시 부담할 조세의 종류는 부동산 매매할 때만 해당하므로 임대차 계약에서는 생략한다.

[확인설명서 ⑤~⑨ 예시]

⑤ 입지조건	도로와의 관계	(■ × ■)도로에 접함 [ ] 포장 [ ] 비포장	접근성	[ ] 용이함 [ ] 불편함
	대중교통	버스 ( ) 정류장, 소요시간: ([ ] 도보 [ ] 차량) 약 분		
		지하철 ( ) 역, 소요시간: ([ ] 도보 [ ] 차량) 약 분		
	주차장	[ ] 없음 [ ] 전용주차시설 [ ] 공동주차시설 [ ] 그 밖의 주차시설 ( )		
	교육시설	초등학교 ( ) 학교, 소요시간: ([ ] 도보 [ ] 차량) 약 분		
		중학교 ( ) 학교, 소요시간: ([ ] 도보 [ ] 차량) 약 분		
		고등학교 ( ) 학교, 소요시간: ([ ] 도보 [ ] 차량) 약 분		
⑥ 관리에 관한 사항	경비실	[ ] 있음 [ ] 없음	관리주체	[ ] 위탁관리 [ ] 자체관리 [ ] 그 밖의 유형
	관리비	관리비 금액: 총 원 관리비 포함 비목: [ ] 전기료 [ ] 수도료 [ ] 가스사용료 [ ] 난방비 [ ] 인터넷 사용료 [ ] TV 수신료 [ ] 그 밖의 비목( ) 관리비 부과방식: [ ] 임대인이 직접 부과 [ ] 관리규약에 따라 부과 [ ] 그 밖의 부과 방식( )		
⑦ 비선호시설(1km이내)		[ ] 없음 [ ] 있음 (종류 및 위치:)		
⑧ 거래예정금액 등	거래예정금액			
	개별공시지가 (㎡당)		건물(주택) 공시가격	
⑨ 취득 시 부담할 조세의 종류 및 세율	취득세	생략가능% 농어촌특별세 % 지방교육세 % ※ 재산세와 종합부동산세는 6월 1일 기준으로 대상물건 소유자가 납세의무를 부담합니다.		

⑩ 실제권리관계 또는 공시되지 않은 물건의 권리 사항

'실제권리관계 및 공시되지 않은 물건의 권리 사항'은 등기사항증명서나 건축물대장에 나타나지 않지만, 계약에서 중요한 사항을 쓴다. 먼저 입주한 임차인들이 있다면 그 현황과 보증금을 적고, 등기의 갑구에 소유권자가 '○○신탁'이라면 세부 내용을 확인해 기입한다. 신탁이란 '믿고 맡긴다'는 뜻으로, 집주인이 신탁회사에 소유권과 함께 재산의 관리와 처분을 맡기는 것이다. 대출금액, 보증금, 월세 수령 권한 등을 신탁원부에 따로 작성한다. 계약할 때 중요한 사항이지만, 겉으로 드러나지 않아 주의를 요한다.(신탁원부는 등기소에서 발급할 수 있다.)

⑪⑫⑬ 내부, 외부 시설물의 상태, 벽면, 바닥 면 및 도배 상태, 환경 조건

수도, 전기, 가스, 소방, 난방 방식, 승강기, 배수, 기타 시설물에 관한 내용도 기재한다. 파손되어 있는 부분과 정상인 부분을 나누어 표시하고, 가스나 난방 방식에 대한 구체적 내용도 적어야 한다. 벽면, 도배 상태, 일조량, 소음과 진동에 대해서도 기록한다. 특별히 수선이 필요한 곳이 있다면 이곳에 써넣어야 한다.

⑭ 현장 안내자

최근에 추가된 항목으로 공인중개사가 아닌 사람이 중개하여 벌어지는 사고를 막으려는 의도로 보인다. 특히, 중개보조원은 사전에 고객에게 본인의 신분을 알렸는지까지 체크해야 한다.

기록할 항목이 많아진다는 것은 공인중개사가 수고로울수록 세입자의 피해를 줄일 수 있다는 의미일 수도 있다. 면밀하게 검토하여 세입자의 손해가 없기를 바란다.

II. 개업공인중개사 세부 확인사항

⑩ 실제 권리관계 또는 공시되지 않은 물건의 권리 사항

⑪ 내부 · 외부 시설물의 상태 (건축물)	수도	파손 여부	[ ] 없음 [ ] 있음 (위치:)
		용수량	[ ] 정상 [ ] 부족함 (위치:)
	전기	공급상태	[ ] 정상 [ ] 교체 필요 (교체할 부분:)
	가스(취사용)	공급방식	[ ] 도시가스 [ ] 그 밖의 방식 ( )
	소방	단독경보형 감지기	[ ] 없음 [ ] 있음(수량: 개)	※ 「소방시설 설치 및 관리에 관한 법률」 제10조 및 같은 법 시행령 제10조에 따른 주택용 소방시설로서 아파트(주택으로 사용하는 층수가 5개층 이상인 주택을 말한다)를 제외한 주택의 경우만 적습니다.
	난방방식 및 연료공급	공급방식	[ ] 중앙공급 [ ] 개별공급 [ ] 지역난방 시설작동 [ ] 정상 [ ] 수선 필요 ( ) ※ 개별 공급인 경우 사용연한 ( ) [ ] 확인불가
		종류	[ ] 도시가스 [ ] 기름 [ ] 프로판가스 [ ] 연탄 [ ] 그 밖의 종류 ( )
	승강기		[ ] 있음 ([ ] 양호 [ ] 불량) [ ] 없음
	배수		[ ] 정상 [ ] 수선 필요 ( )
	그 밖의 시설물		
⑫ 벽면 · 바닥면 및 도배 상태	벽면	균열	[ ] 없음 [ ] 있음 (위치:)
		누수	[ ] 없음 [ ] 있음 (위치:)
	바닥면		[ ] 깨끗함 [ ] 보통임 [ ] 수리 필요 (위치:)
	도배		[ ] 깨끗함 [ ] 보통임 [ ] 도배 필요
⑬ 환경조건	일조량		[ ] 풍부함 [ ] 보통임 [ ] 불충분 (이유:)
	소음		[ ] 아주 작음 [ ] 보통임 [ ] 심한 편임 진동 [ ] 아주 작음 [ ] 보통임 [ ] 심한 편임
⑭ 현장안내	현장안내자		[ ] 개업공인중개사 [ ] 소속공인중개사 [ ] 중개보조원(신분고지 여부: [ ] 예 [ ] 아니오) [ ] 해당 없음

⑮ 중개보수 등에 관한 사항

중개보수는 예전에는 '복비'라는 이름으로 쓰였는데 지금은 복비라
는 말은 거의 사용하지 않고 중개수수료 또는 중개보수라고 한다. 공인
중개사에게 지급하는 비용으로, 계약서에 작성된 전세, 월세 금액을 기
준으로 자동으로 계산된다. 수수료가 얼마나 되는지 계산하는 방법은
'3-2. 초간단 중개수수료 계산법 & 깎는 법'에서 알아보자. 지급 시기는
수수료를 낼 날짜를 합의해 기록하면 된다. 일반적으로 잔금 지급일로
기재하는 편이다.

[확인설명서 ⑮ 예시]

<table>
<tr><td colspan="4" align="right">(6쪽 중 제4쪽)</td></tr>
<tr><td colspan="4">Ⅲ. 중개보수 등에 관한 사항</td></tr>
<tr><td rowspan="4">⑮ 중개보수
및 실비의
금액과
산출내역</td><td>중개보수</td><td>거래금액에 따른 요율 적용</td><td rowspan="4"><산출내역>
중개보수:
실　비:
※ 중개보수는 시·도 조례로 정한 요율한도
　에서 중개의뢰인과 개업공인중개사가 서로
　협의하여 결정하며 부가가치세는 별도로
　부과될 수 있습니다.</td></tr>
<tr><td>실비</td><td></td></tr>
<tr><td>계</td><td></td></tr>
<tr><td>지급시기</td><td>잔금 지급일</td></tr>
<tr><td colspan="4">「공인중개사법」 제25조제3항 및 제30조제5항에 따라 거래당사자는 개업공인중개사로부터 위 중개대상물에 관
한 확인·설명 및 손해배상책임의 보장에 관한 설명을 듣고, 같은 법 시행령 제21조제3항에 따른 본 확인·설
명서와 같은 법 시행령 제24조제2항에 따른 손해배상책임 보장 증명서류(사본 또는 전자문서)를 수령합니다.</td></tr>
<tr><td colspan="4" align="right">년　　월　　일</td></tr>
</table>

⑯ 거래 당사자 및 공인중개사 인적 사항

확인설명서의 해당 내용을 확인했다면 서명, 날인을 한다. 집주인은
임대인란에 이름을 쓰거나 도장을 찍는다. 세입자는 임차인란에 이름을
쓰거나 도장을 찍는다. 부동산 중개업소는 개업 공인중개사란에 이름을
쓰고 도장을 찍는다.

중개대상물 확인설명서도 계약서와 마찬가지로 3부를 똑같이 만들어 집주인, 세입자, 공인중개사 세 사람이 나누어 보관한다.

[확인설명서 인적 사항란 예시]

매도인 (임대인)	주소		성명		(서명 또는 날인)
	생년월일		전화번호		
매수인 (임차인)	주소		성명		(서명 또는 날인)
	생년월일		전화번호		
개업 공인중개사	등록번호		성명 (대표자)		(서명 및 날인)
	사무소 명칭		소속 공인중개사		(서명 및 날인)
	사무소 소재지		전화번호		
개업 공인중개사	등록번호		성명 (대표자)		(서명 및 날인)
	사무소 명칭		소속 공인중개사		(서명 및 날인)
	사무소 소재지		전화번호		

계약금 영수증

등기사항증명서, 건축물대장, 계약서, 중개대상물 확인설명서까지 확인하고 서명, 날인까지 했다면 계약금을 보낸다. 이렇게 하면 계약이 성립한다. 계약금을 계좌로 이체하였다면 그 자체로 영수증이 되겠지만, 그래도 계약금 영수증을 받아 두면 좋다. 전세자금대출을 이용한다면 금융권에 계약금 영수증이 필요할 수 있으니 챙겨 두도록 하자.

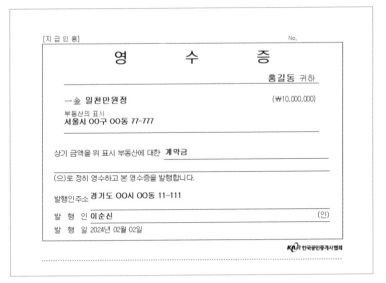

▲ [계약금 영수증: 공인중개사 협회]

업무 보증 관계 증서(공제증서 or 인허가 보증보험증권)

공인중개사가 고의 또는 실수로 세입자에게 손해를 끼쳤다면 어떻게 될까? 그래서 공인중개사사무소를 개업하면 반드시 보험을 들어야 한다. 공인중개사협회나 SGI서울보증에서 가입하되 손해배상책임을 위한 최소가입금액은 일반사업자 2억 원, 중개법인 4억 원이다.

그 증표로 '공제증서' 또는 '인허가 보증보험'을 발급하여 주는데, 공인중개사는 계약한 세입자에게 공제증서 또는 보증보험증권을 교부해야 한다.(참고로 세입자 한 명에 대한 보장금액이 아니다. 손해를 본 의뢰인들이 보상받을 수 있는 손해배상액의 총액이다.)

공인중개사의 잘못된 중개로 손해가 발생했다면 대부분 보험으로 처리하고, 보험 회사는 공인중개사에게 '구상권'이라는 것을 청구한다. 아래 공제증서 이미지를 참고하자. 여기서 눈 여겨 볼 점은, '공제증서' 또는 '보증보험증권'에 기록된 대상과 계약하는 중개업소의 일치 여부이다. 이 둘이 일치해야 하며 보험가입기간(공제기간)내의 계약이어야만 배상을 받을 수 있다.(계약일만 고려하며 퇴실하는 날일 필요는 없다.)

[공제 증서 예시]

전입신고 대신
보증금 지키는 기술

전입신고 안 하면 안돼?

"오래 집을 보다가 마음에 들어서 계약하려고 해. 그런데 이 집은 전입신고가 불가능하다고 하네. 계약하고 보증금 넣어도 크게 문제없을까?"

이현은 직장 근처에 집을 계약하려고 한다. "보증금을 지키기 위해서 전입신고는 필수야. 다른 집을 알아보면 어때?"라고 조언해 주었는데 그녀는 이 집이 꽤 마음에 들었던 모양이다.

"5층 건물 중에 2층인데, 수리를 깨끗이 해주어서 마음에 들고, 보증금도 다른 집보다 꽤 저렴해. 전입신고하지 않고 보증금을 지키는 방법이 없을까?"

나는 그 집의 주소를 받아 여러 가지로 분석해 보았다. 이 집은 건축물대장상 근린생활시설로 되어 있었다. '근린생활시설'은 각종 생활 편의시설로, 쉽게 말해 편의점, 음식점, 미용실과 같은 상가이다. 그리고 실제로도 그 목적에 맞게 사용되어야 한다.

결론적으로 이 집은 주택으로 허가 받은 공간이 아니라 상가였다. 그렇다면 상가에 살아도 될까? 상가에 사는 것은 개인의 자유다. 허가는 상가로 받아두고 내부는 주택으로 꾸미는 일도 더러 있다. 아니면 사무실이나 상가에서 일을 하고 일부를 집으로 사용하기도 한다.

집이 마음에 들어 꼭 계약하고 싶은 이현이지만, 이 집에는 전입신고를 할 수 없다. 이 경우, 세입자로서 법의 보호를 받을 수 있는가를 확인해야 한다. 그렇다면 전입신고 없이 보증금을 보호할 수 있는 방법은 없을까?

전입신고 안 되는 집, 도대체 이유가 뭐야?

내부가 집인데 왜 전입신고를 할 수 없다고 하는 걸까? 원칙적으로 상가나 점포도 내부에 방, 화장실, 취사 시설을 갖추고 있다면 주택 허가 여부와 관계없이 전입신고를 할 수 있다. 전입신고를 할 수 없다는 집주인과 공인중개사의 말만 들어서는 선뜻 이해하기가 어렵다.

그렇다면 이제 집주인의 속사정을 알아보자. 왜 그는 상가를 주택으로 바꾼 걸까? 그 건물과 지역에서 주택을 구하는 사람 수가 상가를 찾는 사람 수보다 많기 때문이다. 또는 주택이 상가보다 임대료를 더 받을 수 있기 때문일 수도 있다. 집 구하는 사람이 많으니 공실일 확률이 낮고, 월세까지 더 받을 수 있다면 안 할 이유가 없지 않을까?

그렇다면 전입신고는 왜 못 하게 할까? 전입신고하는 순간 집주인의 건물은 주택으로 간주되어 세금을 더 내야 하기 때문이다. 정부는 집주인이 다주택자면 더 많은 세금을 부과한다. 그리고 상가 건물을 주택으로 바꾸는 절차는 꽤 까다롭다. 그래서 집주인이 '업무용' 오피스텔이나 근린생활시설의 내부를 주택으로 빌려주는 경우, 세입자에게 전입신고를 금지하는 일들이 종종 발생한다. 이 집을 계약하기를 원하는 세입자 입장에서는 보증금도 보호해야 하고 집주인의 요구도 들어줄 수밖에 없다.

전입신고 없이 보증금을 지키는 2가지 기술

앞서 이야기한 것처럼, 전입신고가 안 되는 집이라면 계약하지 않기를 권한다. 이런 계약을 반대하는 몇 가지 이유가 있다. 첫째, 만기 때 새로운 세입자를 구하기 어려워 보증금을 돌려받기 어렵거나, 꽤 시간이 걸릴 수 있다. 둘째, 주택법상 주택이 아닐 경우 보증금 대출을 받기 어려워 보증금을 전액 현금으로 준비해야 한다. 수천만 원에서 수억 원까지 달하는 보증금을 전액 현금으로 가지고 있는 경우는 거의 없으니 큰 부담이 된다.

그런데도 반드시 이 집을 계약하고 싶다면 보증금을 지키는 방법은 두 가지이다. 일단 보증금의 액수를 최대한 적게 해야 그나마 안전하다. 만에 하나 보증금을 못 받아도 살면서 월세로 탕감할 수 있는 여지가 있다. 혹시 집이 경매에 들어간다고 해도 절차상 약 1년 내외의 시간이 걸린다. 그동안 월세를 안 내고 거주하는 것이다. 보증금을 하나도 못 받게 되더라도 월세를 연체한 것으로 보증금을 대체할 수 있다. 그러니 전입신고를 못 한다고 하거든 보증금을 왕창 깎아 달라고 요청해 보자.

전세라면 다른 방법을 써야 한다. 집주인에게 전세권 설정 등기를 하겠다고 하자. 등기부등본(집문서)에 세입자의 보증금이 000원 있다고 공시하는 것이다. 보증금을 보호하는 면에서만 보면 전입신고+확정일자와 전세권 설정 등기가 거의 비슷하다고 보면 된다. 다만 전입신고와 확정일자를 받는 것에는 비용이 들지 않지만, 전세권 설정 등기에는 비용이 꽤 든다. 게다가 집주인의 협조도 필요하다.

위반 건축물,
계약해도 되는 걸까?

임신한 아내와 이사를 앞두고 서진이 찾아왔다.

"누나. 몇 달 동안 집을 알아보다가 드디어 마음에 드는 집을 찾았어요. 베란다를 확장해 두어 짐도 놓고 넓게 사용이 가능할 것 같아요. 그런데 이 집의 베란다가 위반 건축물이라고 해요. 저와 와이프는 이 집으로 이사하고 싶은데. 위반 건축물 계약해도 문제가 없을까요?"

위반 건축물이 뭐지?
위반 건축물인지 어떻게 확인할 수 있을까?

위반 건축물은 건축법 등 관련 법을 지키지 않은 건물이다. 주로 다가구주택의 옥탑방, 베란다를 확장하여 개조한 다세대주택, 상가를 주택으로 용도 변경한 경우 등이 흔하다. 위반 건축물을 확인하는 방법은 간단하다. 아래와 같이 정부24(www.gov.kr)에서 건축물대장을 열람하거나 발급 받으면 된다.

▲ [출처: 정부24 건축물대장 열람, 발급 화면]

건축물대장의 첫 장에 '위반 건축물'이라고 기재되어 있다. 그리고 뒷 장에는 세부적인 위반사항을 확인할 수 있다.

[위반 건축물의 건축물대장 예시]

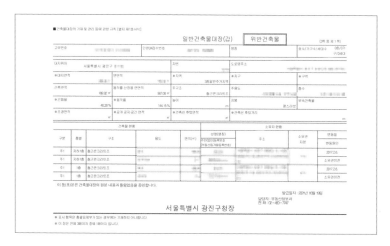

이런 위반 건축물, 무허가 건축물에서 살아도 되냐는 질문도 정말 많이 받는다. 불법이라서 찜찜하지만 포기하자니 그 집이 마음에 들어서가 아닐까 싶다.

만약 집주인이 위반 건축 사항을 입주 전까지 없애 준다고 하면 이사해도 좋다. 그러나 많은 집주인이 위반 사항을 그대로 두고 조금 더 저렴한 금액으로 세입자를 찾는다. 위반 사항을 되돌리는 일에는 시간과 비용이 꽤 든다. 면적이 줄어들기도 한다. 또는 주차장 등을 더 만들어야 해서 현실적으로 불가능할 때도 있다. 집주인들 입장에서는 법대로 하는 것보다 그렇지 않는 편이 때때로 더 유리하기도 하다. 그래서 바꾸지 않는 경우가 더 많다.

어쩔 수 없이 위반 건축물에 살더라도 먹고 사는 데에는 아무런 문제가 없다. 심지어 위반 건축물, 무허가 건축물도 주택임대차보호법으로 보호받을 수 있기 때문이다. 하지만 방심은 금물이다. 위반 건축물에 살게 되면 포기해야 할 것이 있다. '뭐가 얼마나 위험하겠어? 괜찮겠지'라는 마음 대신, 좀 더 신중한 선택을 하길 바란다.

보증금 대출을 받는다면 불리하다

결론적으로 위반 건축물은 보증금 대출이 어렵다. 앞서 서진의 경우는 기존 집의 보증금을 받아서 나오기 때문에 큰 문제는 없었다. 그러나 많은 세입자가 보증금의 대부분을 대출로 준비한다. 위반 건축물은 기금, 은행 등의 전세자금대출을 이용하는 데 상당히 불리하다. 무허가 건축물도 마찬가지이다. 임시 사용승인일로부터 12개월이 지난 미등기, 무허가 건축물도 대출이 거부된다.

전세자금대출을 군이 이용하지 않고도 보증금을 납부할 여유가 된다면 다행이지만, 반드시 보증금 대출이 필요하다면 다시 생각해 봐야 한다. 계약 전에 대출이 가능한지 여부를 확인하지 않는다면 계약금을 날릴 수도 있다.

전세보증보험 가입은 가능할까?

보험 회사들은 손해 볼 짓은 절대 하지 않는다. 위반 건축물은 전세보증보험 가입이 거절될 수 있다. 그렇다면 '전세보증보험 가입' 대신 전입신고와 확정일자를 받으면 되지 않는가? 맞다. 그러면 된다. 다만 최근에는 보증금으로 인한 사건·사고가 많기 때문에 '전세자금대출'과 '전세보증보험' 가입이 어려운 주택에 입주를 꺼리는 추세다. 따라서 당신이 퇴실하려는 시기에 보증금을 반환 받기 어려울 가능성도 있다.

이렇게 부담스러운 위반, 무허가 건축물은 시세보다 저렴한 가격이라는 포장에 싸여 시장에 나오게 된다. 그리고 이 모든 것을 감당할 수 있는 세입자를 기다린다. 그게 그들의 최선의 선택이기 때문이다.

위반 건축물에 나오는 벌금이 있다? 누가 납부할까?

위반 건축물에는 건물을 원래대로 돌려놓을 때까지 정기적으로 벌금이 나온다. 이것을 '이행강제금'이라고 부른다. 법대로 변경, 철거하여 위반 사항이 없어지면 해제가 되는데, 그러기 전까지 매년 반복적으로 이행강제금이 부과된다.

그러면 이행강제금이라는 벌금은 누가 납부해야 할까? 사용하는 세입자 책임일까? 법을 위반한 집주인일까? 관할 구청, 시청에서는 건물 소유주에게 위반 건축물 시정명령 및 이행강제금을 부과하고 있다.

'그럼 안심해도 되겠다'고 생각한다면 오산이다. 때때로 나는 모르겠다며 세입자한테 떠넘기는 집주인도 있으니 계약 전에 반드시 짚고 넘어가야 한다.

이 모든 것을 신경 쓰고 해결하는 것이 불편하다면 차선책으로 골라두었던 집을 선택하는 편이 낫다.

3장

세입자 돈 절대
잃지 않는 법

가계약, 언제까지
취소할 수 있을까?

"가계약이니까 24시간 이내 취소할 수 있겠죠? 당연히 계약금도 돌려받을 수 있고요? 아직 계약서를 쓰지 않았으니 돈 돌려받을 수 있겠죠?"

소연은 가계약을 무르고 싶다.

가계약하면 24시간 내 취소할 수 있다?

가계약 = 계약

가계약이란 정식 계약 전 임시로 맺는 계약의 의미로 종종 쓰인다. 따라서 가계약이란 계약을 선점하기 위해 '정식 계약을 하겠다'는 의사 표현에 가깝다. 실무에서는 가계약도 계약이며, 가계약금은 계약금의 일부로 본다.

우리가 물건을 선점하고 싶어 일부 선금을 걸어 두고, 단순 변심으로 약속을 취소한다면 어떻게 될까? 선금을 돌려받기는 어려울 것이다. 마찬가지로, 편의상 가계약이라고 부를 뿐 계약을 취소하려면 지급한 계약금을 포기해야 한다. 그러므로 가계약이라는 용어에 현혹되어 쉽게 결정하지 말자. 계약은 서로 간의 약속이므로 신중하여야 한다.

계약 취소하고 계약금을 돌려받는 방법

가계약 당시 계약의 구체적 사항을 아예 정하지 않았다면 돌려받을 수 있다. 또는 계약 취소의 합의가 있었다면 계약금을 돌려받을 수 있다. 즉 취소가 가능하다는 것에 '합의'하였는지가 관건이다. 형식은 문자, 전화, 서면 모두 해당된다.

- 전세자금대출이 불가능할 경우 임차인은 본 계약을 위약금 없이 해제할 수 있다.
- 당사자 간 협의에 따라 OOO상황이 발생한 경우 임대인과 임차인은 본 계약을 위약금 없이 해제할 수 있다.

위와 같이 합의하거나 특약으로 정한 경우를 제외하고는 임차인은 계약금을 포기하고, 임대인은 계약금의 배액(계약금 1천만 원 → 위약금은 계약금의 두 배인 2천만 원)을 지급하고 계약을 해제할 수 있다.

위약금이 너무 과한 것 아닌가 생각할 수도 있다. 하지만 부동산 계약은 단 한 명만 약속을 어겨도 도미노처럼 무너져 버린다. 들어올 사람, 나갈 사람이 모두 연결되어 있기에 연쇄추돌사고처럼 수습이 불가능한 상황에 이른다. 내가 계약한 집의 집주인이 갑자기 집을 빌려주기 싫다며 없던 일로 하자고 하거나, 기존 세입자가 변심해서 이사를 안 하겠다면 얼마나 곤란할까? 내가 원래 살던 집에서 나오는 것도 번복해야 한다. 이렇게 생각해보면 위약금이 왜 존재하는지 이해가 간다. 그래서 계약을 없던 일로 한다는 것은 생각보다 간단하지 않다.

피치 못할 사정으로 계약을 취소해야 한다면? 계약금을 날려?

신중히 결정하고 계약했지만 피치 못할 사정이 생겨 계약을 취소해야 하는 경우가 있다. 그렇다고 그냥 포기하기에 계약금은 꽤 큰 돈이다. 사정을 잘 이야기해서 집주인이 돌려주면 좋겠지만, 나가는 세입자와 그 밖에 다른 계약과도 연결되어 있기에 쉽지 않다. 이럴 때는 달리 해결할 방법이 있는지 찾아봐야 한다.

대출이나 자금에 문제가 생겨 전세보증금을 내기 어렵다면 월세나 반전세로 바꾸어 줄 수 있는지 요청해 보자. 그런 이유가 아니라면 일단 잔금을 치르고 입주한 후, 새로운 임차인을 구하는 것이 가장 현실적인 방법이다. 이때는 당신의 말 못 할 사정을 공인중개사에게 털어놓고 도움을 요청하는 것도 방법이 되겠다.

계약 취소해도 중개수수료 내야 하나요?

부득이한 사정으로 계약을 취소하게 되는 경우가 있다. 계약이 없던 일이 되는데 중개수수료를 내야 할까? 원칙적으로는 내야 한다. 계약 체결과 동시에 수수료 청구권이 발생한다. 계약을 마무리하지 못했다고 중개 행위가 없었다고 볼 수는 없기 때문이다. 다만 공인중개사의 고의, 실수로 계약이 해지되었다면 수수료를 주지 않아도 된다.

계약을 취소하게 되면 계약금이라는 큰돈을 잃게 된다. 그런데 마무리하지 못하는 계약에 중개수수료까지 낸다면? 세입자는 당연히 부담스럽다. 공인중개사에게 사정 이야기를 하고 조정해 달라고 말해 보자. 다음에 다시 집을 구할 때 꼭 와서 중개를 부탁하겠다, 지인이 집을 구하면 소개하겠다, 무슨 말이든 좋다. 혹시 모른다. 당신의 딱한 사정을 듣고 고통을 나눠 줄 선한 공인중개사가 있을 수도 있다.

초간단 중개수수료
계산법 & 깎는 법

과거에는 부동산 중개업소를 '복덕방'이라 불렀다. 가정에 복과 덕을 준다는 의미에서 집과 토지를 중개하는 곳을 부르는 명칭이었다. 그리고 '복비'는 새로 이사를 오는 집을 구해 주어 고맙다고 주는 사례금의 의미였다. 복비를 많이 주면 인심이 후해 집에 복이 들어온다고 믿었다.

중개업법이 생긴 1984년부터 '복비'라는 말은 잘 사용하지 않는다. 지금은 '중개수수료' 또는 '중개 보수'라고 한다. 중개수수료의 기준은 주거용, 비주거용, 매매와 임대차로 나누어져 있다. 쉽게 말하면 집과 상가가 다르고, 사고 파는 것과 빌리는 것에 따라 기준이 다르다는 뜻이다. 우리는 주택 임대차 중개수수료에 대해서만 알아보자.

중개수수료는 얼마?

한국공인중개사협회(www.kar.or.kr)에 중개보수 요율표가 게시되어 있다.

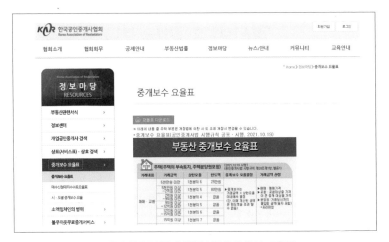

▲ [출처: 한국공인중개사협회 부동산 중개보수 요율표]

그중 주택과 주거용 오피스텔의 임대차 부분을 발췌하여 아래와 같이
정리해 보았다.

주택 임대차 중개수수료 요율표

주거용 오피스텔(전용면적 85제곱미터 이하로 부엌, 화장실, 샤워실 갖춘 경우)

거래 금액	상한요율	한도액
5천만 원 미만	0.5%	20만 원
5천만 원 이상~1억 원 미만	0.4%	30만 원
1억 원 이상~6억 원 미만	0.3%	없음
6억 원 이상~12억 원 미만	0.4%	없음
12억 원 이상~15억 원 미만	0.5%	없음
15억 원 이상	0.6%	없음

중개수수료 = 거래 금액×상한요율 이내에서 결정

· **전세**: 전세 금액 기준
· **월세**: 환산보증금액 기준, 환산보증금액은 보증금+(월세×100)
  단, 이때 계산된 보증금이 5천만 원 미만일 경우, 보증금+(월세×70)

*중개수수료는 개정법에 의한 시, 도 조례 개정 시 변경될 수 있음

전세 중개수수료 계산하기

　사실 위의 표만 봐서는 이해가 쉽지 않다. 사례를 들어 정리해 보았다. 전세의 중개수수료 계산은 의외로 간단하다. 보증금에 해당하는 구간의 '수수료 요율'을 찾아 그냥 곱해 주면 된다. 다만 일정 보증금 미만이면, 계산보다 더 나와도 주지 않아도 되는 한도액이라는 것이 있다. 아래 표의 사례1처럼 보증금이 5천만 원 미만이거나 사례2처럼 전세보증금 1억 원 미만이라면 한도액이 넘더라도 한도액만큼만 내면 된다. 사례3처럼 보증금이 2억 원인 경우는 수수료 요율 0.3%에 한도액은 없으므로, 중개수수료는 2억 원 × 중개수수료 요율 0.3% = 60만 원이다.

요소	전세보증금	상한 요율	중개수수료	설명
사례1	₩45,000,000	0.5%	₩200,000	4천 5백만×0.5%=22만 5천 원 (한도액 20만 원)
사례2	₩90,000,000	0.4%	₩300,000	9천만×0.4%=36만 원(한도액 30만 원)
사례3	₩200,000,000	0.3%	₩600,000	2억×0.3%=60만 원(한도액 없음)

월세 중개수수료 계산하기

　월세의 중개수수료를 계산하려면 우선 '환산보증금'을 구해야 한다. 환산보증금이란, 중개수수료 요율표가 '전세보증금'을 기준으로 되어 있으니 월세의 경우 '이 정도 월세면 전세보증금으론 어느 정도다'를 맞추기 위한 것이다. 환산보증금을 구하는 예시는 아래와 같다. 이렇게 환산보증금에 해당 구간의 중개수수료 요율을 곱하자.

월세 사례3) 월세보증금 1억 원, 월세 1백만 원
- 보증금 1억 원+(월세1백만 원×100)=환산보증금 2억 원
- 환산보증금 2억 원×중개수수료 요율 0.3%=중개수수료 60만 원

월세 사례2처럼 계산된 환산보증금이 9천만 원이면(1억 원 미만), 한도액은 30만 원이 된다.(전세와 마찬가지로 환산보증금이 5천만 원 미만이면 수수료 한도액은 20만 원. 1억 원 미만이면 한도액은 30만 원이 되는 것이다.) 다만 사례1처럼 월세를 전세로 환산하여 계산했는데 5천만 원 미만일 때는 계산이 번거롭다. 월세에 70을 곱하여 다시 계산해 주어야 한다.

월세 사례1) 월세보증금 1천만 원, 월세 35만 원
1. 보증금 1천만 원+(월세 35만 원×100)=환산보증금 4천 5백만 원
2. 환산한 보증금 5천만 원 미만. 월세에 70을 곱하여 다시 환산보증금 다시 구함.
   보증금 1천만 원+(월세 35만 원×70)=환산보증금 3천 4백 50만 원
3. 환산보증금 3천 4백 50만 원×중개수수료 요율 0.5%=중개수수료 17만 2천 5백 원

요소	전세보증금	월세	상한요율	중개수수료	설명
사례1	₩10,000,000	₩350,000	0.5%	₩172,500	(1천만 원+(35만 원×70))×0.5%=172,500원
사례2	₩30,000,000	₩600,000	0.4%	₩300,000	(3천만 원+(60만 원×100))×0.4%=36만 원(한도액 30만 원)
사례3	₩100,000,000	₩1,000,000	0.3%	₩600,000	(1억 원+(100만 원×100))×0.3%=60만 원 (한도액 없음)

중개수수료 더 쉽게 계산하는 방법 없을까?

계산이 다소 복잡하여 어렵게 느껴진다면 '네이버' 같은 포털사이트에 부동산 중개수수료 계산으로 검색해 보자. 주택 임대차, 전세, 월세, 금액을 입력하면 자동으로 계산이 된다.

▲ [출처: 네이버 부동산 중개 보수 계산기]

중개수수료 깎을 수 있을까?

물론이다. 중개수수료는 상한 요율로 상한금액만 정해져 있을 뿐 세입자와 공인중개사가 협의하여 결정할 수 있다. 수수료가 생각보다 많아서 부담될 수 있다. 그러면 깎아 달라고 요청할 수 있다.

적정한 할인율이 정해져 있지는 않지만, 통상 수수료 상한선의 10~30% 내외는 충분히 깎아볼 수 있다. 간단히 팁을 주자면 수수료 협의는 계약 직전, 당신에게 협상력이 있을 때 하는 것을 추천한다. 공인중개사도 당신의 요청을 들어 주어야만 계약할 수 있다는 것을 잘 알고 있기 때문이다.

현명하게 양쪽을 다 재 보자

좀 다른 이야기인데 만약 당신이 입주 전후로 임대인과 협의할 사항이 있거나 혹은 공인중개사의 조언이나 도움이 필요한 상황이라면, 이렇게 해보면 어떨까? "수수료를 깎지 않고 모두 드리겠습니다. 월세가 제 예산에서 부담스러운데 5만 원 정도 깎을 수 있을까요? 제 편에서 조금만 더 애써 주시길 부탁드립니다."라고 이야기해 보자.

수수료 10만 원 깎는 것과 월세 5만 원을 덜 내는 것(5만 원씩 2년이면 1백 20만 원을 아끼는 셈이다.) 중 어떤 것이 당신에게 유리하겠는가? 자본주의에서 공인중개사를 당신의 편으로 만드는 것은 그리 어렵지 않다.

어쩌면 그 집에 입주하는 순간부터 나가는 날까지 공인중개사의 도움이 필요한 일이 생길 수도 있다. 적절한 보상을 주면 공인중개사들은 내 편에서 일을 할 것이다. 수수료를 깎는 것이 유리할지, 다른 도움을 받는 게 이득일지 따져 보자. 어느 쪽이든 똑똑하게 협상하여 나에게 유리한 상황을 만들면 된다.

중개수수료에 10%를 왜 더 내라는 걸까?

동호가 씩씩거리며 물었다.

"나는 사업자도 아닌데, 수수료에 부가세 10%까지 내라는데요? 말이 되는 거예요?"

공인중개사사무소가 일반과세 사업자라면 10%의 부가세를 받는 것이 맞다. 우리는 이미 마트나 음식점에서 지불하는 가격에 10%의 부가세가 포함된 것을 알고 있다. 공인중개사 역시 예외는 아니다. 10% 부가세를 소비자에게 받아 국가에 납부해야 한다. 만약 간이과세 사업자인 중개업소와 거래했다면 4%의 부가세를 내야 할 수도 있다.

그렇다면 간이과세와 일반과세를 어떻게 구분할 수 있을까? 공인중개사사무소 내에 걸려있는 사업자등록증을 보면 된다. 일반과세 사업자인지 또는 간이과세 사업자인지 적혀 있다.

초과 수수료를 요구하는 중개사를 상대하는 법

간혹 상한선을 넘는 수수료를 요구하는 중개인들이 있다. 공인중개사법에서는 사례, 증여 그 밖의 어떠한 명목으로도 보수 또는 실비를 초과하여 금품을 받는 행위를 금지하고 있다. 상한선보다 더 많은 수수료를 달라고 한다면? "나는 법정수수료에 대해 잘 알고 있습니다. 그리고 초과 수수료는 불법으로 알고 있습니다. 구청 부동산 정보과에 해당 사항을 이야기하겠습니다."라고 말하자. 아마 뻔뻔하던 중개인의 태도가 바뀔 것이다.

중개수수료도 현금영수증을 받을 수 있을까?

잊지 말고 중개수수료에 대한 현금영수증을 발행해 달라고 하자. 세입자가 사업자라면 세금계산서를 발행해 달라고 하면 된다. 연말정산 세금환급 시 도움이 되니 꼼꼼히 챙기자.

추가로 팁 하나 더! 수수료는 계약 이후 언제든 지급해도 되지만, 되도록 잔금일 이후 일을 다 마친 다음 지불하기를 권한다. 공인중개사가 돈 받을 때까지 긴장하고 당신 편에서 일 할 수 있도록 말이다.

잔금일에 ○○○○ 때문에
보증금 대출에 문제가 생길 수 있다?

보증금 대출, 비교해 보고 서둘러 신청하기

이사는 매월, 매년 하는 것이 아니다 보니 늘 처음인 것처럼 헷갈리는 게 당연하다. 정신없이 계약하고 나면 이제 보증금 준비를 해야 한다. 계약 전에 자금 계획을 미리 세워 두었을 것이다. 잔금일에 차질 없이 돈이 준비되겠는가? 만약 대출을 받아야 한다면 서둘러 신청하는 것이 좋다. 대출은 관련 서류를 제출하고 심사하는 것만 몇 주 정도 걸리기 때문이다.

전세자금대출이나 보증금 대출을 이용한다면 기관, 은행, 회사에 문의하여 대출 관련 서류를 준비한다. 제출 서류의 종류도 많고 대출 심사기간은 꽤 길다. 중간에 변수가 생기면 또 서류를 보완하거나 다른 대출을 알아봐야 할 수도 있다. 그러므로 계약했다면 미리미리 금융기관을 방문하자. 대출 종류, 대출 가능 금액과 이자율은 금융기관에 따라 차이가 있다.

　정책성 전세자금대출이 가능하다면 저금리로 대출을 받을 수 있다. 버팀목 전세자금대출, 청년 전세자금대출, 신혼부부 전세자금대출, 중소기업 전월세 자금 대출 등 그 종류와 혜택이 다양하다. 내가 해당이 되는지 확인해 보자.

　만약 1억 원을 대출받는다고 가정해 보자. 대출 금리 1%를 낮춘다면 1년에 1백만 원, 금리 2%를 낮춘다면 1년에 2백만 원을 절약할 수 있다. 대출금리 1~2%의 차이가 매월 8~16만 원의 이자 비용 절약으로 이어진다. 꽤 큰 돈이니 본인의 소득, 대출 금액과 이자율을 파악하여 가장 유리한 것으로 진행하자.

잔금 당일에 대출 불가 통보를 받지 않으려면?

　지난해 신혼 전셋집을 계약하고 이사 준비를 하던 세입자 '우식'이 실제로 겪은 일이다. 3억 원의 전세 계약서를 쓰고 신혼부부 전세자금대출까지 신청했다. 이제 준비는 다 끝났다는 생각에 가전제품과 입주 청소 업체를 알아보고 나름 바쁘게 지냈다. 그리고 어느덧 잔금일이 되었다. 집주인과 우식은 오전 10시에 부동산에 모여서 보증금의 90%인 잔금 2억7천만 원을 주고받기로 했다.

그런데 10분이 지나고 20분이 지나도 우식이 나타나질 않았다. 무슨 일이 일어난 것일까? 우식은 차마 부동산에 들어오지 못하고 아파트 복도에서 통화를 계속 이어가고 있었다.

"아니 왜 보증금 대출이 나오지 않는 거죠? 네? 이해가 안 가요. 그건 다 처리했는데요. 하… 무슨 방법이 없을까요? 오늘이 잔금일입니다. 오늘 보증금 대출이 안 나온다면 저는 계약금 3천만 원을 날리게 됩니다."

결국 긴 통화 끝에 세입자 '우식'은 잔금 당일에 대출 불가 통보를 받게 되었다. 납부일을 깜빡해 연체된 카드 대금 10만 원 때문이었다. 돈이 없어서가 아니라 신경 쓸 게 많아 통장 잔고를 살피지 못한 것이었다. 설마 고작 10만 원을 하루 이틀 연체했다고 대출을 안 해줄까 싶어 부랴부랴 카드 연체 대금을 내고 은행에 다시 전화를 걸었다. 하지만 이미 연체 내용이 신용평가기관으로 넘어간 후였다.

은행에서는 연체 대금을 납부했어도 당장은 대출을 해줄 수가 없다며, 연체금 문제를 해결했어도 이를 신용평가기관에서 반영해 주는 일에 시간이 걸린다고 덧붙였다. 이처럼 신용도를 올리기는 어렵지만 떨어지는 것은 한순간이다. 조심해야 한다!

잔금일 전에 다른 대출을 받을 때도 신중을 기해야 한다. 실제로 신용 대출, 마이너스 통장, 차량 구입을 위한 캐피탈 대출도 받지 않는 게 좋다. 신차를 구입하느라 캐피탈 대출을 받았다가 보증금 대출이 안 나오는 경우도 다반사다. 차를 사고 싶어도 집 보증금을 다 내기 전까지는 좀 참자.

신용대출도 보증금 대출 이후에 진행해야 탈이 없다. 카드 대금, 각종 세금과 휴대전화 요금도 연체하지 말자. 역시 잔금일에 대출 실행이 안 될 수 있다. 좌우지간 신용도에 영향을 주는 모든 행동에 조심해야 한다.

은행 이체 한도 올려 두기

집주인에게 돈을 보낼 계좌의 이체 한도는 잔금일 이전에 필수로 확인해야 한다. 간혹 계좌 이체 한도가 낮게 설정되어 잔금 이체가 안 되는 경우가 있다. 금융권에서는 1회, 1일 이체 한도에 제한을 두고 있다. 그러니 잔금 처리에 문제가 없도록 이체 한도를 미리 늘려 두어야 한다.

잔금일은 가급적 주말, 휴일보다는 평일로 정하는 것이 좋다. 만에 하나 문제가 생기면 은행으로 뛰어가야 할 수도 있으니 말이다.

이사일에 짜장면 시키기 전에
꼭 해야 할 일

새집으로 이사하는 날은 마음이 바쁘다. 잔금을 집주인에게 보내고 중개사무소도 몇 번씩 왔다 갔다 했다. 정신없던 이삿짐 정리도 마무리되고 이삿짐 업체도 떠났다. 어수선하지만 새 공간에서 행복해질 내 삶을 생각하니 설렌다.

이제 한숨 돌리고 지친 몸과 마음을 달래며 짜장면이나 시켜 먹고 그저 쉬고 싶을 것이다. 이해한다. 이사라는 큰일을 치러낸 당신이 얼마나 피곤하고 힘들었을지. 그러나 짜장면 시키기 전에 절대로 잊지 말아야 할 것이 있다.

짜장면 시키기 전에 꼭 해야 할 일

보증금을 지키려면 내가 이 집에 살고 있다는 것을 입증할 '대항력'과 '우선변제권'이 필요하다. 대항력이란 제3자에게 임대차 관계를 주장할 수 있는 힘이다. 우선변제권은 경매, 공매가 발생하면 후순위권자보다 먼저 보증금을 받을 수 있는 권리이다. 이 것을 갖추려면 3가지가 필요한데 **전입신고, 확정일자, 점유**이다.

전입신고는 "저 이 집으로 이사 왔어요."라고 주소를 옮기는 것이다.
확정일자는 "○○년 ○○월 ○○일 계약서가 존재해요. 나보다 순서가 늦은 사람보다 먼저 보증금을 돌려받을 수 있어요!"를 의미한다.
점유는 이 집에 살고 있는 것 그 자체를 말한다.

이 3가지를 햄버거, 감자튀김, 콜라로 구성된 완벽한 세트메뉴 같은 것이라고 생각하자. 온전한 임차인의 권리와 힘은 전입, 확정일자, 점유까지 세트가 되었을 때 비로소 완성된다. 바꿔 말하면 3요소가 없다면 절대 보증금을 지킬 수 없다는 의미이다.

피곤해서, 깜빡해서 전입신고를 못 했다. 그러다 문제가 발생했다. 법에서는 이런 사정을 절대 봐 주지 않는다. 보증금은 세입자 스스로 지켜야 한다. 잔금을 입금했다면 'Right now!' 행정복지센터로 가라!

전입신고, 확정일자 받기는 어디서?

전입신고와 확정일자를 받는 가장 쉽고 일반적인 방법은? 주소지 행정복지센터(구 동사무소, 주민센터)를 방문하는 것이다. 준비물은 신분증과 계약서 원본이다. 이때 계약서의 주소와 동호수가 틀리지 않았는지 다시 한 번 꼼꼼하게 확인해야 한다.

잔금일이 휴일이거나 행정복지센터 업무 시간이 종료돼 전입신고를 당장 할 수 없다면 어떻게 할까? 정부24(www.gov.kr)에서 인터넷으로 전입신고가 가능하다. 공동인증서나 공인인증서가 필요하다. 확정일자는 대한민국법원 인터넷등기소(www.iros.go.kr)에서 신청이 가능하다.

▲ [출처: 대한민국법원 인터넷등기소 - 인터넷으로 확정일자 받기]

전입신고

1단계 신청인정보	2단계 이사 전에 살던 곳	3단계 이사온 곳

* 표시는 필수 입력사항입니다.

신청인의 연락처를 확인해 주세요.   ∧

휴대폰 번호를 남겨주시면 전입신고 신청 후, 진행사항을 메세지로 알려드립니다.

신청인   김지영

신청인 연락처 *   010   ∨ - ▓▓▓ - ▓▓▓

전입하는 사유를 선택해 주세요.   ∧

○ 직업 : 취업, 사업, 직장이전 등
○ 가족 : 가족과 함께 거주, 결혼, 분가 등
○ 주택 : 주택 구입, 계약 만료, 집세, 재개발 등
○ 교육 : 진학, 학업, 자녀교육 등
○ 주거환경 : 교통, 문화 · 편의시설 등
○ 자연환경 : 건강, 공해, 전원생활 등
○ 기타

▲ [출처: 정부24 - 인터넷으로 전입신고하기]

제발!! 이사 후 전입신고하기와 확정일자 받기 잊지 말자!

- **전입신고 + 확정일자 받은 계약서!**
- **전입신고 + 확정일자 받은 계약서!**
- **전입신고 + 확정일자 받은 계약서!**

세 번 읽고 외우자.
소 잃고 외양간 고친다. = 집이 경매 넘어가고 전입신고한다.

전입신고는 다음날 효력이 발생한다.

오늘 전입신고를 하고 확정일자를 받았다면, 대항력은 내일로 넘어가는 자정 0시부터 효력이 발생한다. 예를 들어 2025년 10월 02일에 전입신고하고 확정일자를 받았다면 2025년 10월 03일 0시부터 대항력이 발생한다.

반면, 근저당 설정은 그 즉시 효력이 발생한다. 10월 02일에 전입신고와 근저당 설정이 동시에 이루어졌다면, 결론적으로 근저당이 선순위가 되고 세입자가 후순위가 된다.

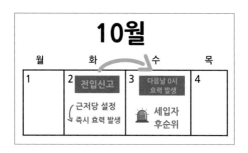

앞에도 잠깐 언급했지만 세입자 개인 사정으로 임차한 주택에 전입신고를 할 수 없는 경우가 있다. 이때에는 집주인에게 계약 전에 동의를 구하고 전세권 설정을 하길 권한다. 주소지를 옮겨오는 대신 등기사항 증명서에 임차인이 있음을 전세권 설정 등기로 대신할 수 있다. 비용이 발생할 수 있지만 보증금을 지킬 수 있다면 그 정도 지출은 감수하자.

전세보증보험은
필수 or 선택?

전세보증보험이란 보험료를 낸 세입자가 집에서 퇴실할 때 집주인이 보증금을 돌려주지 않으면, 보험 회사에서 집주인 대신 책임지고 보증금을 내어 주는 제도이다. 물론 대신 반환한 보증금은 보험 회사(주택도시보증공사 HUG, HF 한국주택금융공사, SGI 서울보증보험)에서 집주인에게 청구하게 된다.

전세보증보험, 누가 가입해야 할까?
세입자가? 집주인이?

집주인이 가입하는 경우와 세입자가 가입하는 경우가 있다. 세무서와 지자체에 '주택임대사업자'로 등록한 집주인은 전세보증보험 의무 가입자이다. 자동차를 샀다면 자동차보험에 무조건 가입하여야 하는 것처럼 말이다. 집주인이 의무 가입자가 아니라면 세입자가 선택적으로 가입할 수 있다.

전세보증보험, 꼭 해야 해 VS 안 해도 돼

사람들이 일상생활에서 보험에 가입하는 이유는 '예기치 못한' 사고, 상해, 질병 및 재해에 대비하여 금전적 손해를 최소화하기 위해서다. 전세보증보험도 마찬가지이다. 아직 일어나지 않은 일이기에 예상하지 못한 사고에 대비해서 가입할 수도 있고, 가입하지 않을 수도 있다. 그러면 보증보험에 가입해야 하는 건 어떤 상황일까?

사람들은 가족력, 술, 담배, 스트레스 등, 건강이 걱정되는 이유가 있을 때 비용을 내고 보험에 가입한다. 전세보증보험도 마찬가지이다. 전세보증금이 매매가의 70~80% 이상이며, 주택 매매 가격이 하락하고 있다면? 그래서 만기에 보증금을 돌려받기 어려울 것 같다면? 어떻게 해야하나 고민할 시간에 보험에 가입하는 편이 낫다.

실제로 역전세, 깡통전세인 집에 살고 있다면 보증금 전액을 돌려받기가 힘들 수 있다. 이럴 때 전세보증보험에 가입되어 있다면 손해를 보지 않을 수 있다. 보험은 이렇게 위험한 상황에서 진가를 발휘한다.

최근 역전세, 깡통전세(추후 자세히 다룰 예정), 전세 사기로 보험 접수 건이 심하게 증가했다. 이 때문에 보증보험 가입 요건도 전보다 까다로워졌다. 보증금이 떼일 것이 분명한 집은 이제 받아주지 않겠다는 것이다. 공시지가 기준으로 보증금이 높은 집은 역전세 우려가 있다고 판단해 가입을 받지 않는다. 지병이 있는 사람의 보험 가입이 거절되는 것과 같은 맥락이다. 요점은 계약 전 전세보증보험 가입이 가능한 집인지 확인해 봐야한다는 것이다. 보험 가입이 안 된다면 그 집의 계약은 다시 생각하는 것이 현명하다.

지금 입주하려는 집이 안전하다면 굳이 보험 가입을 하지 않아도 된다. 전세보증금이 50~60% 미만이고, 대출도, 선순위 임차인도 없다면 말이다. 젊고 건강한 사람이 치매 보험, 간병 보험에 가입하지 않는 것과 비슷하다. 만에 하나 보증금을 돌려받지 못하더라도 안전한 집은 전입신고와 확정일자만으로도 대항력과 우선변제권이 있다. 그래서 보증금을 돌려받을 안전장치가 이미 되어있다. 금전적 손해가 발생할 확률이 낮아진다는 의미이다.

당신의 집은 안전할까? 위험할까? 지금 무언가 불안 요소가 있을까? 아니면 괜찮을까? 현 상태를 파악하여 전세보증보험 가입 여부를 선택하면 된다.

전세보증보험 언제, 어디서, 어떻게 가입할까?

전세보증금 반환보증은 기관에 따라 보증 한도, 주택 가격 평가 기준, 가입 기준, 보증보험료 등이 다르다. 2023년 8월 기준 한국주택금융공사, 한국도시주택공사 등은 수도권 기준 7억 원, 그 외 지역은 5억 원 이하의 주택만 가입이 가능하다. SGI 서울보증보험은 보증금 10억 원 이하의 주택이 가입할 수 있으며 아파트의 경우 보증금 제한이 없다.

가입 대상

1. 1년 이상 계약한 주택으로 계약 기간의 2분의 1이 경과되기 전
   (즉 계약 기간을 2년으로 했다면 1년이 지나기 전까지 가입 가능)

2. 건축물 대장상 주거용 오피스텔을 포함해 단독주택, 아파트, 다세대, 다가구 등
   주택
   (업무시설, 근린생활시설, 업무용 오피스텔 및 위반 건축물 가입 불가)

3. 등기사항증명서상 압류, 가압류, 가처분 없을 것

4. 임차인의 전입신고, 확정일자, 점유의 3조건을 갖췄을 것

신청 방법

1. 방문신청: 주택도시보증공사 또는 위탁 은행

2. 홈페이지 신청: SGI 서울보증보험

3. 모바일 신청: 네이버 부동산, 카카오페이, KB국민카드, HUG

보증보험 가입 준비 서류

1. 신분증 및 주민등록등본

2. 확정일자 받은 임대차 계약서 사본

3. 전세보증금 지급된 계좌이체 내역 또는 영수증 등

4. 전입세대열람원

5. 부동산 등기사항증명서, 건축물대장

6. 중개 대상물 확인설명서 (주거용 오피스텔 추가 제출)

7. 전세계약체결내역 확인서 (단독, 다중, 다가구주택 추가 제출)

8. 인감증명서, 위임장 (대리인과 계약한 경우 추가 제출)

이사 준비
꿀팁

계약서도 쓰고 은행 업무도 끝냈다면 이제는 이사 준비를 해야 한다. 이 삿짐 업체 예약, 폐기물 정리 및 이삿짐 정리 등이다. 최근에는 인건비 상승으로 이사 비용이 많이 증가했다. 그러니 이삿짐 업체 여러 곳에서 견적을 내보고 결정하자. 그리고 여전히 주말, 휴일, 손 없는 날은 이사 비용이 더 비싸다. 평일이나 다른 사람들이 선호하지 않는 날에 하면 이 사 비용을 줄일 수 있다.

이삿짐 정리하기

이삿짐이 많으면 많을수록 비용이 많이 들기 때문에, 버릴 물건은 미 리미리 정리해 두자. 폐가전제품은 '순환 거버넌스'에서 무상 방문 수거 서비스를 하고 있으니 미리 처리하면 좋다. 폐기물은 행정복지센터에 직접 접수하거나, '빼기'라는 애플리케이션으로 배출 폐기물의 처리 금액을 확인하고 처리할 수 있다.

옷, 신발, 가방 등은 양이 많다면 수거하고 돈도 주는 업체가 있다. 그러니 소액이라도 돈을 받고 처분하자. 누군가는 필요해서 살만한 물건과 버리기는 아깝지만 팔리지도 않을 물건을 분류하고, 당근마켓, 중고나라 등 플랫폼을 활용해 처분해도 좋다.

집 준비하기

집을 한 번 보고 공간을 어떻게 꾸며야 할지 알기는 어렵다. 공인중개사에게 평면도를 요청하거나 이사 전에 내부 공간을 실측하겠다고 말해보자. 집주인 또는 기존 세입자와 협의하여 진행할 수 있게 도와줄 것이다. 다시 방문할 때는 줄자, 노트, 펜을 준비하자. 집 구조와 각 부분의 길이, 높이 등을 적어 두면 좋다.

공간별 면적을 확인해 부피가 큰 가구나 전자제품을 어디에 놓을지 결정하고, 미리 배치도를 그려서 이사일에 현관문에 붙여두면 좋다. 이사 업체 직원을 쫓아다니며 '여기 놓아 달라, 저기 놓아 달라' 할 필요가 없다. 전문가들이 알아서 배치도를 보고 이삿짐을 정리해 줄 것이다.

만약 이사 전에 입주 청소를 하고 싶다면 협의가 필요하다. 집이 비어 있다면 양해를 구하고 미리 청소 업체를 보내거나 직접 가서 청소할 수 있다. 다만 청소하는 날 사용하는 전기, 수도 요금은 부담해야 한다. 이사할 집에 집주인 또는 기존 세입자가 살고 있다면 청소가 불가능하다. 이럴 때는 이사 당일 짐이 빠지면 청소하고 이삿짐을 옮길 수밖에 없기에 시간 계산을 잘 해서 움직여야 한다. 입주 청소 업체는 대부분 면적당 요금을 받기에 큰 차이는 없지만, 인터넷이나 애플리케이션 등을 통해서 견적을 받아 보고 유리한 곳으로 결정하면 된다.

그 외 준비하기

이삿짐을 옮길 때 건물에 따라 엘리베이터와 사다리차 이용에 제한을 두는 곳이 있다. 관리실이 있다면 미리 이사 날짜를 알리는 것을 추천한다. 그러면 이삿짐 차량과 사다리차의 주차 공간을 만들어주거나 주차 차단기를 열어 놓아주어 수월하게 이사할 수 있다. 주차된 차량의 운전자가 없어 이삿짐 운반에 차질을 빚는 상황도 방지할 수 있다. 간혹 엘리베이터 사용료를 받는 곳도 있는데, 독점 이용한다는 장점도 있다.

이사 당일은 신경 쓸 것이 많다. 귀중품은 큰 짐 안에 들어가지 않도록 미리 작은 가방에 담아두어 따로 챙겨둔다. 파손의 위험이 있는 비싼 제품들도 따로 챙겨 이사하면서 깨지거나 고장이 나지 않도록 주의한다.

원래 살던 집의 공과금을 정산하면서 전기, 수도, 가스, 관리비 등 자동이체를 해 두었다면 해지해야 한다. 이사 후에도 계속해서 비용이 납부될 수 있다. 나중에 다투려면 골치가 아프니 미리 처리하자.

여러 세대가 살고 있고 관리실이 있다면 입주 카드를 써야 한다. 이사를 마치고 관리실로 가서 작성하자. 주차가 필요하다면 차량 등록증을 가져가서 등록해야만 주차가 가능한 곳도 있으니 참고하자.

이삿짐을 옮기기 전에 집에 먼저 들어가서 파손되거나 고장이 난 것은 없는지 다시 한번 확인해 보자. 만약 있다면 바로 사진을 찍어 두고 집주인, 공인중개사에게 이야기하자. 그리고 반드시 고쳐줄 것을 약속받아야 한다. 그렇지 않으면 이사하면서 파손한 것 아니냐는 억울한 누명을 쓰게 될지도 모르니 말이다.

4장

절대 손해보지 않는
세입자의 현명한 대처법

전월세 사기 유형,
보증금 사기 피하는 10가지 방법

공인중개사인 나도 당할 뻔한 보증금 사기,
피하는 게 가능 할까?

작정하고 판을 짜고 기다리는 사기꾼에게 속수무책으로 당할 수밖에 없는 현실.

우리가 할 수 있는 일이란 '제발 저에게 그런 일이 닥치지 않도록 해주세요!'라고 그저 기도하는 게 전부일까? 안타깝게도 피할 수 없는 비극은 늘 존재하는 거라고 부정적인 이야기를 하려는 게 아니다. 내 경험치로 봤을 때 불행도 충분히 비켜갈 수 있다고 일러주고 싶다.

사기꾼들은 모든 상황을 설계하여 세팅한다. 그게 누구든 그 덫에 걸려들기를 바라면서 말이다. 그래서 평범한 세입자들은 그것이 사기의 덫이라는걸 알기 어렵고, 깨달았을 때 되돌리기도 힘들다. 실제로 보증금 사기가 공론화되기 이전에 내 동생도 전세 사기를 당할 뻔했다.

3년 전 여름이었다. 독립을 준비하던 동생이 함께 집을 좀 봐 달라고 했다. 우리는 중개업소 직원 두 명과 해당 오피스텔 앞에서 만났다. 그런데 이들은 집을 보자마자 단점을 늘어놓았다. 그때까지는 '참 솔직한 사람들이네' 생각했다. 그러더니 "현금이 얼마나 있으세요?"라고 묻는 것이다. 동생이 답을 해주자, 잠시 후 정말 좋은 집이 있으니 그 집을 꼭 봐야 한다며 다른 집을 보러 가자고 했다. 집 하나 더 보면 우리에게 좋은 것일 터 그러자 했다.

'꼭 봐야 한다'는 집은 원래 보았던 집에서 5km는 가야 해서 각자 차로 이동하기로 했다. 집의 주소는 알려주었지만 얼마짜리, 어떤 집인지 물어도 대답이 없었다. 그저 "정말 좋은 집이다. 이 집을 꼭 봐야 한다."며 채근했다. 왜 그러는 건지 당시에는 이해가 안 갔다. 지금 생각해 보면 애초에 첫 집을 계약하는 것이 목적이 아니었던 것 같다.

중개업소 직원이 알려준 집으로 이동하면서 그 집에 대해 좀 알아보았는데, 놀랄 수밖에 없었다. 무척 넓고, 지은지 얼마 안 된 집이었다. 게다가 가진 예산보다 무려 3배나 비싼 집이었다. 당시에는 보증금 사기 등이 이슈가 되지 않았을 때라 '저 사람들 도대체 무슨 생각이지?'라는 생각이 들었어도 표현하지는 않았다.(그들은 내가 공인중개사인 걸 모를 터이니 말이다.)

146

현금이 많지 않아 이렇게 비싼 집은 안 된다고 말했다. 하지만 그들은 '다~ 방법이 있다'며 지금 당장 계약하자고 동생을 압박했다.

"신축인데 이렇게 크고 좋은 집은 없어요. 이건 기회입니다. 손님은 가진 현금에 전세자금대출을 받으면 되고, 은행까지 저희가 다 알아봐 드릴 테니 계약만 하세요!"

절대 세입자에게 손해가 안 간다며 '이런 집만 골라가며 이사하는 임차인들도 있다'고 덧붙였다.

세입자에게 손해가 아니라는 말에 내가 반박했다. "대출을 많이 받으면 많은 이자가 나오잖아요? 그게 손해 아닌가요?" 기다렸다는 듯이 중개업소 직원 중 한 사람이 말했다. "대출 이자는 집주인이 대신 내 주실 거예요. 이건 이벤트에 당첨된 것이나 다름없다고요. 걱정 말고 계약하세요. 이런 집은 아무리 찾아봐도 없을 거예요."

기가차서 말이 안 나올 지경이었다. 어느 집주인이 이유도 없이 세입자의 이자까지 내 주면서 세입자를 모집한다는 말인가? 말이야? 막걸리야? 그것도, 없어서 못 구하는 전세 매물을 말이다. 나는 동생에게 이 집의 전세 금액이 매매가를 넘었다는 점, 전세자금대출은 고스란히 빚이 되어 동생의 발목을 잡을 것이라는 점과 발생할 수 있는 다른 위험에 대해서도 알려주었다. 다행히 동생은 전세 사기로부터 잘 빠져나왔다. 그리고 다른 집에서 잘살고 있다.

이 일로 내가 느낀 것은 사기를 처먹기에 좀 더 까다로운 세입자가 되자는 것이다. 사기 집단은 온통 쉽게 돈을 벌 생각뿐이다. 그런 그들에게 귀찮고 까다롭게 군다면? 우리는 그들의 타깃에서 한걸음 멀어지게 될 것이다. 그들에게 녹록한 호구가 아님을 각인시키자. 모든 세입자가 사기 위험으로부터 한걸음 달아나기를 바라면서 보증금 사기의 유형과 예방법에 대하여 이야기해 보려 한다.

적을 알고, 나를 알면 위태롭지 않다 (사기 유형 예습하기)

① 집주인이 집주인이 아니었다? (사칭, 위조)

실제 나의 고객이었던 서연 씨의 사례이다. 몇 년 전 서연 씨는 직거래로 아파트 전세 계약을 했다. 인근 시세보다 저렴했고, 중개수수료 부담도 없었다. 그런데 만기일이 되어 집주인에게 보증금을 돌려 달라고 하자 '사실 나는 집주인이 아니다. 돈이 없어서 보증금을 돌려줄 수 없다'는 황당한 소리를 했다. 이게 무슨 소리야, 집주인이 아니라고?

알고 보니 그는 집주인을 사칭한 월세 세입자였다. 서연 씨를 상대로 가짜 계약서를 작성하고 전세보증금을 받아 가로챈 것이다. 이렇게 집주인으로 사칭, 서류를 위조하여 보증금을 가로채는 수법이 의외로 많다. 실화를 소재로 한 TV 프로그램에서도 비슷한 일이 수 없이 방송된다.

② 내부자를 조심하자 (대리인 사기)

집주인 대신 집주인의 가족, 관리소장 등 대리인과의 계약 과정에서 사고가 많이 발생한다. 전혀 대리 권한이 없는 사람이 대리인 서류를 위조하거나, 가족, 지인이 집주인 대신 보증금을 가로채는 수법도 있다.

건물의 사정을 잘 알고 있는 관리소장이 직접 보증금을 받아 수십 억 원을 챙긴 사건도 있었다. 대리권 관련 사기는 주로 집주인과 가까운 관계를 악용하여 내부 사정을 잘 아는 자가 꾸민다. 그래서 많은 세입자가 쉽게 속아 넘어간다.

③ 잔금일에 대출받은 집주인

세입자가 전입신고를 하면 다음날 0시에 효력이 발생한다. 이런 법의 허점을 알고 있던 집주인이 잔금일인 12월 31일에 대출을 받고 근저당을 설정했다. 근저당은 12월 31일 당일에, 세입자의 전입신고는 1월 1일 0시에 효력이 발생했다. 세입자가 근저당권보다 후순위가 된 것이다. 이는 결국 고스란히 세입자의 피해로 이어졌다.

④ 양다리 걸치는 이중 계약

세입자 진수는 ○○오피스텔 202호를 계약하고 보증금을 보냈다. 그런데 이삿짐을 옮기려고 집주인이 알려준 비밀번호를 눌렀더니, 열리는 대신 경고음만 났다. 다급한 마음에 집주인에게 전화를 해 보았지만 전화를 받지 않았다.

화가 나고 불안해진 진수의 집에서 갑자기 누군가 문을 열고 나왔다. 바로 한 달 전에 입주한 다른 세입자였다. 혹시 계약서에 적힌 주소가 맞는지 물었다. 틀림없이 ○○오피스텔 202호에 대한 계약서였다. 심장이 쿵쾅거렸다.

집주인에게 다시 전화를 걸었지만, 아예 전화기가 꺼져 있었다. 쿵쾅거리는 심장으로 관리실로 가서 집주인과 연락할 방법이 있는지 확인해 보기로 했다. 관리소장에게 계약서를 보여주며 혹시 집주인에 대해 아는 것이 있는지 물었다.

거기서 뜻밖의 이야기를 들었다. 집주인은 202호뿐만 아니라 303호, 404호 등 10채를 소유하고 있는데, 같은 사건이 반복되고 있었다. 경찰도 몇 번이나 다녀갔다. 한 집에 2명 이상의 세입자와, 잔금일을 다르게 하여 이중 계약을 한 것이다. 그리고 보증금을 챙겨 잠적했다.

⑤ 신탁사 동의 없는 계약

'신탁'이란 믿고 맡긴다는 뜻이다. 신탁사에 집주인이 모든 것을 믿고 맡기는 것이다. 등기사항증명서를 보면, 간혹 갑구에 '○○부동산신탁주식회사'라고 적혀 있는 것을 볼 수 있다. 신탁 물건은 법적으로 신탁사의 소유이다. 그러므로 신탁사의 동의 없이 임대차 계약을 하는 경우 법적으로 보호받기가 어렵다. 예를 들어 보자.

집주인과 세입자가 신탁등기 된 집의 임대차 계약을 한다. 집주인은 신탁사의 동의를 받고, 보증금도 신탁사로 보내야 한다. 하지만 집주인은 세입자에게 보증금을 직접 받고 신탁사로 보내지 않았다. 신탁사에 동의를 구하거나 임대차 계약 사실을 고지하지도 않았다. 이 경우 문제가 생겼을 때 세입자는 보증금 전액을 돌려받기가 어렵다.

모든 신탁 물건이 위험한 것은 아니지만, 각별한 주의가 필요하다. 만약 신탁등기가 되어있는 집이라면 절대로 위탁자인 집주인의 말만 믿어서는 안 된다. 직접 등기소에서 '신탁등기 원부'를 열람하여 내용을 확인하여야 한다. 그리고 신탁사에 문의하여 임차보증금을 잃는 일이 없도록 해야 한다.

⑥ 단독, 다가구주택의 선순위 임차보증금 허위 고지

토지의 지분을 나누고 각 건물의 공간을 나누어 소유권까지 나눠 갖는 것을 '집합건물'이라고 한다. 이를테면 아파트, 오피스텔, 다세대주택 등이 있다. 반면 1명의 집주인이 전체의 건물과 전체의 토지를 소유한 것이 '단독, 다가구주택'이다. 주인은 1명이지만, 여러 개의 호실에 여러 명의 세입자가 사는 구조이다.

여러 개의 호실을 1명의 집주인이 소유하다 보니 이 집에 살고 있는 세입자 전체에 순서가 매겨진다. 입주 순서대로이다. 10명의 세입자가 있다면, 가장 먼저 계약하고 이사한 세입자가 1번, 가장 늦게 계약하고 입주한 세입자는 10번이다. 그렇게 세입자의 우선순위가 정해진다.

다가구주택의 임대차 계약을 한다면, 앞서 있는 세입자들의 보증금을 확인해야 한다. 집의 매매가격과 비교해 대출+선순위 보증금이 적정한지 비교해야 한다. 선순위 임차보증금과 대출을 받은 금액이 매매가보다 높은 경우도 꽤 많다. 허위로 선순위 임차보증금을 고지하고 임대차 계약을 하는 일도 더러 있다. 그러면 후순위 세입자의 보증금은 보호받기가 어렵다.

⑦ 빌라왕, 건축왕 전세 사기 (무자본 갭투자)

2억 원인 집을 사려면, 현금 2억 원을 마련하거나 대출을 받아야 한다. 그러나 세입자가 전세보증금 1억8천만 원을 내면, 2천만 원만 있어도 집을 살 수 있다. 이렇게 집값과 보증금의 차이만으로 투자하는 것을 갭(Gap)투자라고 한다. 적은 돈으로 투자가 가능하다는 장점이 있다. 집값이 2천만 원만 올라도 무려 100%의 수익을 남기는, 최소비용으로 최대이익을 얻는 투자 법 중 하나다.

상식적으로 매매가와 전세가는 절대 같을 수가 없으니 갭(Gap)만큼의 자본금이 필요하다. 그런데 만약 집값과 보증금이 같다면? 돈이 없어도 투자가 가능하다. 이것을 **무자본 갭투자**라고 한다. 집값이 2억 원인데, 전세보증금도 2억 원이라면 돈이 없어도 집을 살 수 있는 것이다. 일반적이지 않지만, 한 번도 거래된 적 없는 신축 빌라는 매매 가격과 전세 가격을 알 수 없기 때문에 무자본 갭투자가 가능해진다.

일명 빌라왕, 건축왕 전세 사기는 무자본 갭투자를 통해 대규모로 주택을 사들인 사기 사건이다. 자본금 없이 쉽게 집을 살 수 있으니, 재정 상태가 좋지 않은 집주인도 전세보증금을 활용해 더 많은 집을 사들일 수 있었다. 하지만, 집을 팔아도 세입자의 전세보증금을 돌려주지 못하니 결국 큰 피해로 이어졌다.

빌라왕, 건축왕 전세 사기에 대해 좀 더 알아보자

누구나 깨끗하고, 최신으로 지어진 집에 살고 싶어한다. 세입자는 비싼 월셋집에 사는 것보다 전세 계약을 선호한다. 각종 정책의 혜택을 받을 수 있는 전세자금대출은 낮은 금리로 돈을 빌릴 수 있어서 월세보다 경제적이고, 전세보증금의 최고 80%까지 대출이 가능하다 보니 내 돈은 조금만 있어도 된다. 결론적으로 주거비 부담을 줄여 주는 전세를 원할 수밖에 없다. 한 번도 집을 사본 적이 없는 세입자는 매매거래 자체를 꺼리는 경향이 있기 때문에 전세 수요는 끊이지 않는다.

건축주는 전국을 돌아다니며 저렴한 땅을 찾아 그 땅에 수 채~수십 채의 빌라를 짓는다. 그리고 그 빌라를 팔아 돈을 번다. 땅을 사서 집을 짓고 파는 것이 직업인 셈이다. 이 과정을 1번만 하는 사람과 10번을 반복하는 사람 중에 누가 돈을 더 많이 벌까? 그렇다. 반복하면 할수록 돈 벌 기회가 많아진다.

그런데 한꺼번에 여러 세대를 분양하기란 결코 쉽지 않다. 10세대 × 3개 동이면 무려 30개의 주택을 단숨에 팔아야 한다는 의미이다. 완공된

빌라가 팔리지 않으면 자본금 회수가 늦어져 돈이 묶이게 되고, 대출이자 비용, 세금, 관리비까지 발생하므로 건축주는 언제나 빠른 EXIT를 선호한다.

알고 있겠지만, 집을 사고 파는 것은 꽤 긴 시간을 필요로 한다. 시간이 곧 돈인 건축주는 기다릴 여유가 없는데, 집이 필요한 사람들은 매매보다 전세를 선호하니 시간이 더 걸릴 수밖에 없다. 이때 등장하는 것이 '분양 대행 브로커'다. 브로커는 건축주가 원하는 금액에 집을 전부 팔아주는 대신, 그 이상으로 받은 돈은 수수료로 가져가겠다고 한다. 이어서 빌라 전체를 팔 계획을 설계하고, 필요한 사람에게는 일부 마진을 약속하며 세팅을 마친다.

일단 매매 금액보다 높은 전세보증금으로 세입자를 유치한다. 예를 들어 매매 가격이 3억 원이면, 전세 가격을 3억 5천만 원으로 책정하고, 자금이 모자란 세입자에게는 대출 알선도 해 준다. 이렇게 세입자로부터 5천만 원의 마진을 남긴다. 신축 빌라의 전세 시세가 없는 허점을 노린 것이다.

브로커는 새 집주인으로 사회초년생, 일반인, 노숙자 등을 섭외한다. 공짜로 집주인이 될 수 있고, 사례금도 주고, 집값이 오르면 돈도 벌 수 있다고 꼬시는 것이다. 전세 계약을 마친 후에 건축주에서 새 집주인으로 명의를 변경하면 거래가 완성된다. 매매보다 전세 거래가 훨씬 수월하기에, 이런 방식으로 단기간에 많은 집을 한꺼번에 팔면 큰돈을 벌 수 있다. 더불어 '바지사장'인 새 집주인은 이렇게 수십, 수백 채의 집을 갖게 된다.

집을 빨리 팔고 싶은 건축주, 높은 마진을 남기는 브로커, 명의를 대여해 주고 집과 사례금을 얻는 새 집주인, 커미션을 챙기는 중개인과 컨설턴트, 신축 주택의 가치를 높게 평가하고 보수를 받는 감정평가사, 전세자금대출과 신용대출로 더 많은 돈을 빌려주고 이자도 늘어나는 은행, 위험한 거래에서 보증료를 받는 보증보험기관 등 모두가 이익을 취한다.

그러나 신축 빌라는 쉽게 집값이 오르기 어려운데다 금리 상승기에는 매매가와 전세가가 하락한다. 단기간에 수십, 수백 채의 집을 소유한 새 임대인은 자본금 자체가 없기에 부동산 세금, 과도한 이자, 신규 임차인을 못 구하는 공실 사태에 대처하는 것이 사실상 불가능하다. 결국 세금 압류와 보증금 미반환에 따른 공매, 경매가 도미노처럼 연달아 이루어진다. 이는 고스란히 세입자의 피해로 이어진다.

피할 수 있으면 피하라!
보증금 지키는 10가지 방법

보증금 사기에서 한발짝 멀어지고 우리의 보증금을 지키려면 어떻게 해야 할까? 10가지 팁을 제시해 보려 한다.

① 꼼꼼한 문서 확인

등기사항증명서, 건축물대장은 부동산 계약에서 가장 중요한 서류이다. 등기를 보면 집주인이 누구이며, 얼만큼의 빚을 졌는지, 세금은 납부했는지 추측할 수 있다. 건축물대장은 건물의 면적과 주거용, 비주거용, 무허가, 위반 건축물을 확인할 수 있는 지표가 된다.

② 집주인 제대로 확인 + 임대인 계좌로만 송금하기

가급적 집주인과 직접 계약하는 것을 추천한다. 계약일에 집주인의 신분증과 등기사항증명서를 대조해 보자. 반드시 같아야 한다. 위조 신분증인지 확인하려면 정부24, 1382, 도로교통공단 등에서 찾아보면 된다.

불가피하게 대리인과 계약서를 쓸 때에는 집주인의 인감도장이 찍힌 위임장, 집주인의 인감증명서, 대리인의 신분증을 꼭 확인하자. 그리고 반드시 집주인 명의의 계좌로 보증금을 보내야 한다. 절대로 임대인의 가족, 대리인, 건물 관리소장의 계좌로 송금하면 안 된다.

'안심전세앱'에서 집주인의 채무, 체납, 상습적으로 보증금을 돌려주지 않은 이력까지 조회할 수 있으니 참고하자.

③ 임대인 체납 세금 확인 요청하기

등기사항증명서를 보니 압류나 기타 표시가 없다. 그럼 안심해도 될까? 꼭 그렇지 않은 경우도 있다. 집주인이 세금을 내지 않았더라도 독촉기간에는 해당 내용이 압류로 표시되지 않는다. 등기는 멀쩡했던 집이

나중에 압류되어 경매에 넘어가는 일도 있다. 체납 세금이 있다는 것은 집주인의 재정 상황이 좋지 않다고 알려주는 삐뽀삐뽀 경고음이다.

계약 전에 체납 세금을 알아보는 가장 쉬운 방법은 공인중개사에게 요청하는 것이다. 계약일에 집주인이 '국세, 지방세 납세증명서'를 가져오면 간단히 해결된다. 계약한 세입자는 입주 전이라도 직접 임대인의 미납 세금을 열람할 수 있다. 1천만 원 이상의 보증금으로 계약했다면, 임대인의 동의도 필요 없다. 전국 세무서에서 신분증, 임대차 계약서를 들고 방문하면 된다.

④ 선순위 임차보증금 확인하기

단독, 다가구주택 등 한 집에 여러 세대가 살고 있는 주택의 대항력은 전입신고 순서로 판단한다. 문제가 생기면 입주한 순서대로 보증금을 받는다. 때문에 선순위 임차인의 보증금은 문제가 생겼을 때 '내 차례까지 돈이 남아 있을지'를 가늠하는 중요한 사항이다. 계약 전 공인중개사 또는 임대인에게 선순위 보증금을 알려 달라고 하자. 계약 후에는 직접 행정복지센터(주민센터)를 방문해 전입세대 확인서 및 확정일자 현황을 열람할 수 있다.

⑤ 보증보험 가입여부 확인하기

4백 80여 명의 전세 세입자가 전세보증보험에 가입하지 않아 큰 피해가 예상된다는 뉴스가 보도된 적이 있다. 보증보험 가입은 자신이 선택해서 하면 된다. 하지만 가입이 거절된다는 것은 바꿔 말하면 이 집이 위험하다는 신호이다.

보증보험 가입이 안 된다면 매매가에 비해 임차보증금이 높다는 뜻이다. 계약일 전에 집 주소로 전세보증보험에 가입이 가능한 집인지 먼저 확인해 보자. 계약서를 작성하는 중이라면 '전세보증보험 가입이 불가한 경우, 임차인은 본 계약을 위약금 없이 해지할 수 있다'라는 특약을 적어 달라고 하자. 참고로 전세보증보험 가입 한도는 보증금의 100%로 설정하는게 좋다. 전세 사기를 당하더라도 보증금 전액을 보장받을 수 있다.

⑥ 공인중개사 확인 및 유령 업체 걸러 내기

명함을 받거나 중개업소에 게시된 중개사무소 등록증, 자격증을 토대로 몇 가지를 확인해 보자. 등록된 공인중개사사무소인가? 자격 취소, 영업 정지 등의 행정처분이 있었는가? 개업 공인중개사, 소속 공인중개사, 중개보조원인가? 공제협회 또는 보증보험에 가입되어 있는가?

자격 취소, 정지, 영업 정지 등의 행정처분은 부동산 영업에 치명적이다. 정상적인 공인중개사는 절대 사기 중개를 하지 않는다. 자격증 취득을 위해 힘들게 공부한 걸 누구보다 본인이 더 잘 알기 때문이다. 그러나 더러 사기에 가담하는 공인중개사도 있으니 각별히 주의하자. 특히 무자격 중개인, 컨설턴트, 중개보조원은 자격증이 아예 없기에 잃을 것도 없다.

⑦ 다른 중개업소에 교차 확인하기

신축 빌라만 전문적으로 취급하는 컨설팅 업체는 전국적으로 많다. 이들은 사업자 등록과 폐업을 반복하며 여러 지역을 옮겨 다닌다. 아예 전세 사기를 목적으로 개업한 중개업소인 경우도 있다. 이런 곳은 돈만 좇기 때문에 세입자는 수단일 뿐이다.

반대로 동네 토박이 중개업소는 '집주인 손가락 개수까지 다 안다'는 우스갯소리가 있을 만큼 오랫동안 그 지역에서 신뢰를 쌓은 곳이다. 그러니 애초에 꺼림칙한 매물의 중개를 피한다.

네이버 부동산과 인근 중개업소를 활용하여 계약할 집을 여러 곳에 교차 확인해 힌트를 얻자. 업체마다 매물을 보는 시각도 다르지만, 무엇보다 합리적인 매물인지 가늠할 수 있다.

⑧ 적정 전세 가격 확인하기

감정평가사처럼 정확하게 전세 매물의 가격을 산출할 필요는 없지만, 전세 가격이 적정한 선인지 알아야 한다. 전세보증금이 매매 가격의 80%를 넘어선다면 위험하다. 그 계약은 절대 하지 말고 빨리 도망쳐라. 전세 사기 주택이 경매로 넘어가고 낙찰되더라도 보증금 전액을 돌려받기 어렵다. 실제로 인천 미추홀구의 평균 경매 낙찰율은 58%에 불과했다.

전세 가격 확인은 국토부 실거래가, 부동산정보광장과 같은 공공기관 또는 애플리케이션을 이용하면 된다. 직접 확인이 어렵다면 온라인, 유선으로 전세 가격을 상담해 보자.

- **서울시 전세 가격 상담 센터**: 서울 부동산 정보광장 온라인 신청
- **전세 가격 상담 접수**: 서울시 토지관리과 02-2133-4675
- **전세 가격 결과 문의**: 한국감정평가사협회 02-3465-9892
- **전세 시세 조회 & 위험성 진단**: HUG 안심전세 앱

⑨ 잔금일에 확인! 또 확인!

잔금을 송금하기 전, 집의 내부와 등기사항증명서를 다시 확인한다. 이삿짐은 다 빠졌는지, 계약일의 등기사항증명서와 달라진 사항은 없는지, 집주인이 잔금일에 말소하기로 한 대출, 신탁은 약속대로 진행되었는지, 보증금을 받아서 정말 대출을 상환했는지 말이다.

잔금일에 전입신고와 확정일자부터 처리한다. 전입신고를 고작 며칠 늦게 한 것뿐인 세입자에게 얼마나 가혹한 일이 벌어지는지… 며칠 사이 압류가 들어와 보증금을 못 받거나, 보험료를 내고 전세보증보험을 가입했지만 전입신고를 늦게 한 바람에 보증금 지급이 거절되기도 한다. 잔금일에 전입신고하지 않은 세입자의 과실로 판단하기 때문이다.

⑩ 특약 사항 잘 쓰기

선순위 대출 상환, 소유권 이전 시 매매 사실 통보, 세입자 전입신고 완료 시까지 근저당 설정 금지, 전세자금대출 및 보증보험 가입 불가 시 계약 해제 등 중요 사항을 꼼꼼히 특약 사항에 기재하자. 혹시 약속대로 이행하지 않았을 경우, 계약의 해제와 손해배상에 대해서도 적어 두면 좋다.

사기 사건으로 보증금을 돌려받지 못한 세입자가 너무 많다. 부동산 업계에서는 '아직도 터질 게 남았다'는 말이 심심찮게 들려온다. 그러므로 조금이라도 이상한 거래는 하지 않는 게 좋다. 몇 년 치 대출이자, 이사 비용을 대신 내 주는 것이 최근까지 사기꾼들의 수법이었다. 선의로 포장된 함정이다. 우선은 달콤하지만, **상식적이지 않은 거래는 꼭 뒤탈이 생기기 마련**이다. 사기꾼은 어리숙하고 만만한 사람을 노린다. 조금 돌아가더라도 정석대로 하는 것이 보증금 사기를 피하는 길이라 생각한다.

 전세 사기를 당했을 때 도움을 얻을 수 있는 곳
- 법률구조공단 (132)
- 서울시 전월세종합지원센터 (02-2133-1200~8)
- 국토교통부 전세피해지원센터(1533-8119)
- 국토교통부 전세 사기피해지원단 피해지원총괄과(044-201-5233)
- HUG 전세피해지원센터 (02-6917-8119)
- 공인중개사협회 전세피해예방 및 불법중개 상담 신고센터 (1522-1805)
- 전세 사기피해자지원특별법대응TF(02-3771-6597)

미리 보는, 전세 사기 체크리스트

- 세금이 체납되거나 기타 사유로 압류, HUG 가압류, 가등기, 경매등기가 등기 사항증명서에 기재된 경우
- 새 집주인이 임대사업자, 법인 또는 불법 브로커에게 수수료를 받고 명의만 대여해 준 경우
- 등기사항증명서에 기록된 매매 가격과 전세보증금의 차이가 없는 경우
- 전세 계약 후 집주인이 변경되었고, 바뀐 집주인과 연락이 잘 안 되는 경우

전세 사기 피해를 당하였다면?

1. 전세보증보험으로 처리한다. 우선 계약 종료 통보 후 소정의 절차에 따라 보증금을 안전하게 돌려받는다.

2. 경매로 보증금을 배당받는다. 이때 전입신고, 확정일자, 점유를 유지한다. 경매 절차에 따라 배당 요구를 한다. '담당 경매계'를 통해 상담이 가능하니 참고하자.

3. 관할 경찰서에 피해 신고 및 형사 고소를 진행한다. 공공기관 및 전세 사기 피해 지원 센터에서는 변호사, 법무사, 공인중개사 등 상주 전문 인력을 동원해 전세 사기 피해자에게 무상으로 전세 사기, 깡통전세 관련 상담 서비스를 제공하고 있다. 전세피해확인서를 발급받은 임차인은 정부의 저리 기금 대출 상품 및 긴급 주거 지원 등도 이용할 수 있으니 도움을 받아 보자.

집은 집주인이 고쳐줄까?
세입자가 고쳐야 할까?

집주인이 집을 임차인한테 고치라고 한다?

얼마 전 이사한 시오의 집은 여기 저기 수리할 곳이 꽤 있다. 어찌된 일인지 물었더니 "집주인이 웬만하면 그냥 살라며 고쳐 주지 않겠다 하네. 얼굴 붉히기 싫어서 넘어갔지만 2년 동안 살 집인데 좀 불편할 것 같아." 라고 한다.

가뜩이나 신경 써야 할 일이 많은 이사 날이다. 누군가가 살고 있을 때는 보이지 않던 하자가 이삿짐이 다 빠진 후 화장을 지운 민낯처럼 얼굴을 드러낸다. 설레던 마음은 당황으로 바뀐다. 지저분한 것은 깨끗이 청소해서 쓰면 되지만 그게 아니라면 이삿짐을 다시 싸서 돌아가고 싶어진다.

입주 전 파손된 것은 수리 확답을 받자

만약 잔금 전 중개사무소에서 집 상태를 확인해 주었다면 어땠을까? 이전 세입자가 파손한 것, 집주인이 고쳐야 할 노후시설을 가려내고 집주인에게 전달하여 세입자가 편안한 삶을 살 수 있도록 돕는 것. 바로 공인중개사가 해야 할 일이다. 집을 고치지 않겠다는 집주인, 입주일에 하자 점검을 하지 않는 중개인을 만나면 참으로 난감하다.

계약일에 공인중개사에게 받았던 확인설명서를 보자. 주요 항목인 수도, 전기, 가스, 난방, 배수, 벽면, 바닥 균열, 누수, 심각한 오염이 제대로 표시되어 있어야 한다. 하지만 대부분의 항목을 형식적으로 '정상' 체크해 두고 실제로 확인하지 않는 경우도 더러 있다. 확인설명서에 하자 표시가 되어 있거나, 정상이거나 상관없다. 일단 집의 수리가 필요한 부분이 있다면 잔금일 전에 고쳐 달라고 말하자. 하자 수리 약속을 받고 잔금을 치러도 늦지 않는다. 중개수수료도 일이 다 마무리되고 난 후 주어도 괜찮다.

고장난 것은 임대인, 파손한 것은 임차인이 수리한다

[민법 제623조 임대인의 의무]에 따르면 '임대인은 목적물을 임차인에게 인도하고 계약 존속 중 그 사용 수익에 필요한 상태를 유지하게 할 의무를 부담한다'고 되어 있다. 즉 집주인은 세입자가 살 수 있는 상태인 공간을 제공하고 그 댓가로 임대료를 받는다. 그래서 노후, 불량으로 인

한 시설물의 수리 책임은 집주인에게 있다. 단 세입자의 고의, 과실로 인한 파손이라면 수리도 세입자의 책임이다.

살다가 고장나 버린 것은 어떻게 해? 입주하고 전구가 나갔다면? 임대인 불러 말어?

이사하고 살다 보니 전구가 나갔다. 이런 것도 집주인에게 요청해야 할까? 그렇지 않다. 전구, 샤워기, 도어락 건전지 등 소모품은 세입자가 바꾸면 된다. 반면 보일러, 바닥, 누수 등 중요 시설물의 문제는 집주인이 책임진다.

계약 전에 하자를 발견했다면, 특약 사항에 집주인이 언제까지 수리를 해야 할지 자세하게 적자. 이사할 때 발견된 하자, 살면서 고장난 부분도 촬영하여 문자로 증거를 남긴다. 그래야 보증금 반환 때 수리 비용으로 다툼이 생기는 것을 막을 수 있다. 참고 살지 말자. 착한 세입자라는 말 대신 집을 망가뜨렸단 억울한 누명을 쓰는 일이 없도록 말이다.

집주인이 보증금, 월세를
한꺼번에 많이 올린다면?

"얼마 전에 올려 준 것 같은데 또 올려 줘야 해? 매번 이렇게 많은 액수를 올려 주어야 하는지도 잘 모르겠다. 그렇다고 요구를 거절하면 쫓겨날 것만 같아서 두려워."

보증금을 올려 주면 안 되겠냐는 집주인의 연락을 받은 은우는 마음이 복잡하다.

이렇게 집주인이 보증금이나 월세를 갑자기 인상한다고 하면 참으로 막막하다. 되짚어 보면 과거에는 집주인이 '갑' 세입자는 '을'이 분명해서 울며 겨자 먹기로 집주인의 요구를 들어주었다. 지금은 예전과는 많이 달라지기는 했지만, 세입자가 집주인의 요구를 거절하거나, 언제, 얼마나 올려줘야 하는지는 여전히 세입자에게 어려운 숙제로 느껴진다.

자, 이제 그 숙제를 쉽게 해결해보자.

집주인이 보증금, 임대료를 올려 달라고 해도 되는 걸까?

집주인은 합법적으로 보증금 또는 월세의 인상을 요구할 수 있다. 단, 임차인을 보호할 수 있는 '**전월세상한제**'의 기준에 따른다. 보증금과 임대료는 직전 금액의 5%를 초과하여 올리면 안 되고, 계약 또는 한 번 올린 후 1년 이내에는 다시 올릴 수 없다.

보증금 또는 임대료 5% 인상 예시
- 보증금 1억 원, 5% 인상 1억 5백만 원
- 임대료 50만 원, 5% 인상 월 52만 5천 원

최대로 올릴 수 있는 상한이 5%이므로, 2~3% 올리는 것도 당연히 괜찮다. 다만 집주인과 세입자의 상호 동의가 있어야 한다. 반대로 세입자도 월세를 깎아 달라고 할 수 있다. 최근에 동생에게 이렇게 조언해 주었더니 "에이~ 월세를 깎아 주겠어?"라고 했지만, 그래도 결국 물어보았는지 얼마 뒤 "오예~ 집주인이 정말 월세 10만 원을 할인해 줬어!"라며 기뻐했다. 상황에 따라 다르지만 때때로 보증금, 임대료를 낮출 수도 있으니 말이라도 한번 건네 보자.

임대인이 5% 초과하여 올려 달라고 할 때 대처 방법은?

"2년 살았고, 이번에 보증금을 15% 올려 달라는데 꼭 그래야 하나요?"

생각보다 보증금을 많이 올려 달라는 이야기를 들은 세입자의 질문이다. 결론부터 말하면, 올려 주지 않아도 된다. '**계약갱신요구권**(1회 계약 후 같은 조건으로 한 번 더 계약을 갱신할 수 있는 임차인의 권리. 뒤에 자세히 설명할 예정)'을 사용하여 5% 이내에서 협의하고 2년을 더 거주할 수 있다. 전월세 상한제 5%는 계약갱신요구권으로 인한 갱신 시 상승폭을 5%로 제한한다. 5% 초과 인상분은 무효이며 임차인은 초과 지급한 임대료의 반환을 임대인에게 청구할 수 있다. 집주인이 바뀐 경우에도 마찬가지다.

계약갱신요구권까지 쓰고 계약 기간이 끝나면, 5% 초과 인상이 가능하다

"1회 갱신 후 계약 기간이 끝났어요. 집주인이 그동안 시세가 많이 올랐다며 보증금을 10%나 올려 달라는데, 어떡하죠?"

"저는 4년 살고 계약만기 되었다며, 월세를 15% 올려달라고 하는데요?"

계약이 완전히 만료된 두 세입자의 이야기다.

계약갱신요구권까지 다 썼다면, 이제부터는 아예 새로운 계약으로 본다. 그래서 정해진 증액 상한선이 없고, 적당한 수준에서 협의하는 것이 가장 최선이다. 서로 원하는 것이 다르다면, 집주인의 요구와 새집으로 이사하는 것 중에서 유리한 것을 선택해야 한다.

참고로 임대인이 주택 임대 사업자로 등록된 상태라면, 계약이 완전히 만료된 후에도 재계약 할 때 5% 이내 인상으로 계약해야 한다.

보증금과 임대료가 오르면, 계약서를 다시 써야 할까?

정답부터 말하면, 다시 써야 한다. 증액 계약서를 작성하고 확정일자를 받아야 올려 준 보증금도 보호받을 수 있다. 따라서 보증금을 더 주기 전에 먼저 다시 등기사항증명서를 확인해 저당권, 압류, 가압류 등이 있는지 재확인하고, 추가로 올려 준 보증금도 안전한지 검증해야 한다. 보증금, 임대료를 올려 주기 전 최초 계약서도 잘 가지고 있어야 우선순위에서 밀리지 않는다. 증액 계약서를 썼다고 원 계약서를 임대인에게 반환하거나 버리면 절대 안 된다.

임대인이 전세를 월세로 바꾸자고 한다면?

집주인이 보증금 일부를 월세로 바꾸자고 하는 일이 종종 있다. 현재 계약 기간 중이면 거부할 수 있다. 최초의 계약이 만료되는 시점이라 해도 '계약갱신요구권'으로 월세 전환을 거부하면 된다. 적어도 2+2=4년 동안은 전세를 월세로 바꾸지 않겠다고 주장할 수 있다.

하지만 계약갱신요구권 1회 사용 후 계약 만료가 되었다면? 새로운 조건을 협의하는 재계약 과정이 필요하다. 전세자금대출의 이자 비용과 보증금을 월세로 전환할 때의 비용을 비교해 선택하자. 대체로 전세자금 대출 이자가 유리한 편이다. 월세가 과하다면 이사를 고려해 보아야 한다. 반전세로 바꾸는 방법도 있겠다.

전세를 월세로 바꿀 때, 기준이 있나요?

전세를 월세로 전환할 경우 기준이 되는 전환 산정률 예시를 들어 보면 아래와 같다.

> - 2%(월차임 산정률 고정 값)+한국은행 기준금리3.25%(2024년 10월 11일 기준, 변동 가능)=5.25%
> - 전세보증금 3억 원 → 보증금 1억 원, 월세 87만 5천 원으로 전환할 수 있다.
> - 2억 원 × 전환 산정률 5.25% = 1천 50만 원(년)
> - 1천 50만 원 ÷ 12개월 = 약 87만 5천 원(월)

계산법이 좀 어렵다면 '렌트홈'(www.renthome.go.kr)에서 쉽게 계산할 수 있다.

▮ 임대료 계산

※ 임대료 계산 기능은 임대사업자의 임대차계약 변경 신고 시 활용하기 위한 용도이며, 임대차 제도 개선(개정 주택임대차 보호법) 관련 문의, 상담은 **부동산 대책 정보 사이트** 를 이용해 주시기 바랍니다.

항목	변경 전	변경 후
임대보증금(원)	300,000,000 원	100,000,000 원
월 임대료(원)	0 원	875,000 원
연 임대료(원)	0 원	10,500,000 원
임대료인상률(%)	☐인상률 적용	0 %
월차임전환시산정률(%)		2 %
한국은행기준금리(%)		3.25 %

◉ 변경 후 임대료 ○ 변경 후 인상률

[계산하기] [초기화]

▲ [출처: 렌트홈 - 임대료 계산]

전입신고, 이렇게 하면
큰일 난다!

오늘 전출, 내일 다시 전입신고?

효순은 3년 동안 연락 한번 없던 집주인에게 "전입신고를 하루만 뺐다가 다시 옮겨 줄래요?"라는 연락을 받았다.

"서로 잘 지내서 거절하기도 너무 난감하다고! 딱 하루만인데 뭐. 큰 일 없을 거야. 해 줘도 괜찮겠지?"

집주인의 간곡한 부탁, 들어주자니 왠지 찜찜하고 거절하자니 관계가 틀어질까 고민이다.

조금 귀찮지만 들어줄 수도 있을 것 같은 부탁. 잠시 세입자가 나가 있어야 하는 상황은 아마 대출을 받기 위해서일 가능성이 크다. 현재 세입자가 살고 있는 집은 대출을 못 받거나 소액 대출만 가능하기 때문이다. 그러니 이런 부탁은 마음이 불편하더라도 딱 잘라 거절해야만 한다.

하루만 옮겨도, 오늘부터 1일!

공부하려고 도서관에 가방을 놓고 자리를 맡아 두었다. 그런데 하필 점심시간이라 책, 가방을 가지고 나가서 뭘 좀 먹고 들어왔는데, 글쎄 누군가 그 자리에 앉아서 공부하고 있는 것이다. 책상 위에 아무것도 없으니 아마 빈자리로 알았던 모양이다. 전입신고는 마치 맡아둔 자리에 남겨둔 책과 가방 같은 존재다. "여기는 제 자리예요."라는 표현이다. 그래서 딱 하루만 옮긴 거라도, 다시 오늘부터 1일이다. 슬프게도 3년 전 전입신고는 완전히 사라지고 처음부터 다시 시작해야 한다.

- 2021년 12월 25일 서울시 양천구 목동 전입신고
  ——————— 세입자 1순위
- 2024년 12월 24일 경기도 수원시 전입신고
  ——————— 자동 전출로 대항력 소멸
- 2024년 12월 24일 근저당권 (집주인 대출)
  ——————— 근저당 1순위
- 2024년 12월 25일 서울시 양천구 목동 전입신고,
  2024년 12월 26일 0시 대항력 발생
  ——————— 세입자 2순위

분명히 효순이 세입자 1순위였는데 잠깐 전입신고를 옮겼다 왔더니 2순위로 밀려나 버렸다. 혹시 경매가 진행되면 1순위 은행에 밀려 보증금을 못 받게 될지 모른다. 고작 하루인데 너무 가혹하다. 그러니까 전입신고는 임대인 조상님이 와도 절대 빼 주지 말기!

연속 거주 기간은 청약 가점에 중요한 사항

불리한 점은 또 있다. 임대주택(국민임대, 공공임대, 행복주택)에 입주하거나 새 아파트에 청약하게 될 때이다. 경쟁이 치열하다 보니 지역에서 오래 산 순서대로 줄을 세운다. 집 없는 기간, 청약 횟수도 함께 본다. 그리고는 맨 앞줄부터 입주 자격을 준다.

거의 모든 종류의 임대주택, 인기 아파트의 분양은 반드시 청약이라는 관문을 넘어야 한다. LH 한국토지주택공사, SH 서울주택도시공사의 주택은 해당 지역의 거주자만 신청을 받는 경우가 허다하다. 그래서 연속 거주 기간이 짧으면 임대주택, 분양주택에 입주할 좋은 기회를 놓치게 된다. 친구에게 답안지 살짝 보여 줬다가 나만 0점처리 되는 것처럼 억울한 일이다.

집주인이 바뀌었을 때
해야 할 일

집주인이 왜 바뀐 거야?
집주인 바뀌면 쫓겨나는 걸까?

"갑자기 집주인이 바뀌었는데, 혹시 쫓겨날까요? 새 집주인이 보증금, 월세를 올려달라면 어쩌죠? 새 집주인이 대출받으면 어떻게 되는 거예요?"

집주인이 예고 없이 바뀌면 진짜 당황스럽다. 얼굴도 본적 없는 새 집주인에 대한 걱정에 마음이 편치 않다. 기존 집주인과 친하진 않았지만, 무언가 바뀐다는 것은 불안한 일이다.

학교 다닐 때 이런 적이 있었다. 여느 때처럼 학교에 갔는데 헉! 담임 선생님이 갑자기 전근을 가신 것이다. 갑자기 바뀐 선생님 때문에 하루

종일 어수선한 마음이었다. 새로 오신 선생님은 왠지 인상도 무서워 보였다. 그러나 담임 선생님이 바뀐다고 달라진 것은 없었다. 선생님이 나를 교실에서 쫓아내거나 전학 보내는 일도 없었다. 그저 공부를 가르치고 학생들을 보살피는 똑같은 일을 새 담임 선생님이 대신할 뿐이었다. 아, 별거 아니었구나. 그리고 평소와 똑같이 지냈다.

새 집주인은 바뀐 담임 선생님과 같다. 세입자에 대한 의무까지 고스란히 넘겨받는다. 이것을 어려운 말로 '양도양수'라고 한다. 소유주가 바뀌는 이유는 다양하지만, 가장 흔한 이유는 매매이다. 하지만 이는 그저 집주인이 상황에 따라 집을 사고 파는 것일 뿐, 큰일이 아니다. 계약 기간 중에 갑자기 나를 쫓아내거나 보증금과 월세를 올려 달라고 할 수도 없다. 그러니 집주인이 바뀌었다고 무조건 쫄 필요 없다.

집주인이 바뀌면 뭘 해야 하지? 계약서를 다시 써야 할까?

기존 계약서가 유효하니 다시 계약서를 쓸 필요는 없다고 했지만, 매사에 이성적이고 확실한 것을 좋아하는 친구 한 명은 그래도 뭔가 좀 더 분명히 하고 싶다고 했다. 그래서 계약서 여백에 이렇게 쓰라고 말해 주었다.

"본 계약은 매매로 인하여 소유주가 변경되었음."
그리고 임대인 이름, 연락처, 주민등록번호, 주소, 서명 날인이면 충분하다.

집을 구매한 후 세입자와 인사를 나누고, 계약서도 새로 작성하고 싶다는 소유주도 더러 있다. 이럴 때에는 계약서를 다시 쓰더라도 ㈜계약서를 절대 버리면 안 된다. 집주인에게 돌려주어서도 안 된다. 그러면 대항력 순위가 뒤로 밀려난다. '처음 확정일자 받은 계약서'는 보증금을 돌려받을 때까지는 신줏단지 모시듯 잘 가지고 있길 당부한다. 한 가지 더 보태면, 보증금 대출 은행과 보증보험 기관에 집주인이 바뀌었다는 사실을 알리는 것도 잊지 말자.

집주인 변경을 이유로 계약을 해지할 수 있을까?

이사 오기 전, 전세 사기 피해자였던 유진은 트라우마 때문에 집주인이 바뀌는 게 매우 불안하다고 했다. 혹시나 명의 대여자나 바지사장일지도 모른다며 걱정이 많다. 그런 일은 없어야 하겠지만, 혹시 모르니 계약 해지를 하고 싶단다. 가능할까? 불안이든 불편이든, 이유가 무엇이든 세입자는 계약 해지 및 보증금 반환을 요구할 수 있다. 반대로 바뀐 집주인은 세입자에게 계약 해지를 요구할 수 없다.

나중에 보증금은 누구에게 돌려받지?
전주인 or 현주인?

보증금을 받아간 사람은 전주인이지만, 돌려주는 것은 현주인의 몫이다. 계약 해지, 혹은 계약 만료여도 상관없다. 새 집주인은 세입자의 보증금까지 인수하는 조건으로 매매계약을 하고 매매대금을 지불하였기 때문에 '등기상 소유자'에게 보증금을 돌려받으면 된다.

새 집주인에게도 2년 더 산다고 해도 돼?

2년에 한 번씩 이사하던 나연은, 짐 싸고 푸는 것도 지겹다며 "집주인 바뀌어도 계약을 2년 더 연장할 수 있어?"라고 물었다. 당연히 가능하다. 계약이 끝나기 2개월 전, '한 번 더 연장!'인 계약갱신요구권을 쓴다고 하면 된다. 간혹 바뀐 집주인이 직접 살겠다며 계약 연장을 거절하는 경우도 있는데, 이럴 때는 계약갱신요구권도 소용없으니 다른 집을 알아봐야 한다.

예전 집주인 = 현 집주인. 사람만 바뀌었지 둘이 똑같다고 보면 된다.

집주인 바뀌고 보증금도 올려 줘야 한다면?

다행히 나연은 바뀐 집주인과 2년 더 계약을 연장하기로 했다. 그런데 새 집주인이 보증금을 좀 올려 받겠다고 했단다. "그럼 그렇지. 그냥은 안 해 주네. 올려 달라는 만큼 올려 줘야 하는 거야? 반항하면 안 되려나?"

반항이라는 단어에 웃음이 터졌지만, "하하. 보증금의 5% 안에서 서로 얘기해서 결정할 수 있어. 최대한 낮춰 달라고 말해 봐."라고 알려주었다.

집주인 입장에서도 새 세입자를 구하려면 중개수수료 등 비용이 들기 때문에 실제로 적정한 선에서 합의하는 경우가 많다. 보증금을 올려 줄 때는 등기사항에 달라진 점이 있는지 확인해야 한다. 월세 인상 시에는 크게 확인할 게 없지만, 새 집주인과의 보증금 인상은 등기사항 외에도 몇 가지를 더 확인하고 인상에 동의해야 한다.

1. 새 집주인의 신분증과 등기상 소유자가 같은지
2. 입주 당시 등기 vs 현재 등기가 동일한지
3. 새 집주인의 계좌번호가 맞는지

2번의 경우처럼 입주 당시에는 없던 '근저당, 압류, 가압류 등'이 지금 기록되어 있다면, 증액된 보증금은 후순위가 된다. 보증금+대출금+증액 보증금이 매매가의 80%를 넘는 것도 위험하다. 위험하다고 판단되면 절대 보증금을 올려 주어서는 안 된다. 차라리 월세로 바꾸거나 이사 가는 편이 훨씬 낫다. 이런 문제가 없다면, 증액 계약서를 작성하면 된다. 2가지 방법이 있다

1. 기존 계약서는 보관, 증액 보증금에 대해서만 계약서 쓰고 확정일자 받기
2. 총 보증금 (보증금+ 증액된 보증금)으로 새로 계약서 쓰고 확정일자 받기

나를 잔소리 중개사로 생각할지 모르겠지만, 여기서도 주의할 점이 있다. 두 경우 모두 처음 계약서는 절대 버리거나 집주인에게 주면 안 된다. 집주인이 바뀌었다고 해도 달라질 게 없다. 새로 썼으니 원래 것은

가져가겠다느니, 함께 찢어 버리자는 얘기가 나와도 제발 흔들리지 않길 바란다. 주소를 잠시 옮겨서도 안 된다. 그리고 증액된 보증금을 새 집주인이 아닌 다른 이의 계좌로 입금하라고 하면 NO를 외치자!

5장

세입자에게 유리한
계약 기간 설계하기

이 집에 더 살고 싶어!
계약 기간을 연장하고 싶다면?

이사하고 집을 꾸미고, 집들이도 하고, 이제서야 정든 내 집 같은데 살다 보면 계약 기간 2년은 너무 짧다. 잊고 있었다. 내가 세입자란 사실을 말이다. 얼마 지나지도 않은 것 같은데 벌써 2년. 계약 기간이 끝나 버렸다. 계약 만료일마다 새집을 알아보고 이삿짐을 싸는 것은 생각만큼 간단하지가 않다. 매번 새로운 집을 찾고, 계약하고, 이사하는 과정은 반복해도 익숙해지지가 않는다.

계약갱신요구권 (1회) = 음료 리필권 (1회)

"계약 기간 끝났으니 이제 그만 나가 주시죠."라고 말하는 집주인에게 "저 2년 더 살건데요?"라고 말할 수 있는 권리가 바로 **계약갱신요구권**이다. 마치 패스트푸드점에서 콜라를 다 마신 후 리필을 요구하는 것과 비숫하다. 그렇게 만료된 계약 기간을 다시 한번 가득 채운다. 부동산 업계에서는 '2+2'라고 부른다. 2년마다 이사 다니는 세입자의 주거 불편을 덜고자 2020년 07월 31일 새로 만들어진 법이다. 물론 소급 적용이 되어 법 시행 이전에 계약했다고 해도 사용할 수 있다.

계약갱신요구권은 한 번만 사용 가능하다. 리필은 되지만 딱 '한 번만 사용 가능'한 것이다. 그리고 집주인은 합당한 사유 없이 세입자의 계약 기간 리필 요구를 거절해서는 안 된다.

연장 요구는 언제, 어떻게 해야 할까?

2020년 12월 10일 이후 처음 계약했거나, 갱신된 계약은 만기 6~2개월 전까지 연장하겠다고 하면 된다(2020.12.10. 이전 계약은 만기 6~1개월 전까지 계약 갱신요구). 갱신 요구는 정확히 2달 전에 하기 보다는, 미리 여유 있게 하는 편이 좋다. 기다리다가 깜빡 날짜를 놓칠 수도 있고, 혹시 집주인이 국내에 없거나 연락이 안 되는 변수도 생길 수 있기 때문이다.

갱신 요구가 집주인에게 도달해야 하는 시점이 2개월 전이므로 미리미리 챙기자. 나는 이런 중요한 일은 조금 서두르는 게 좋다고 생각한다. 방법은 서면, 통화, 문자 모두 괜찮고, 꼭 이메일, 문자, 통화 내역 등을 증거로 남겨 두자.

서로 말없이 4년간 살았다 해도(묵시적 갱신), 계약갱신요구 할 수 있을까?

연석은 IT 회사에 입사하면서 계약한 집에 이미 4년 가까이 살고 있다. 회사와 적당히 가깝고, 주변에 편의시설이 많아서 살기 참 좋다. 계약일에 만났던 소탈한 집주인은 사업체를 운영하느라 바빠서인지 입주하고 단 한 번도 연락이 없었다. 이번에 계약 기간 관련해서 연락이 온다면, 이미 4년을 산 연석은 갱신 요구를 할 수 있을까?

할 수 있다. '갱신한다'는 명확한 의견 없이 서로 말없이 계약 기간이 지나가 묵시적으로 갱신된 경우는 리필권을 안 썼다고 본다. 그래서 2년(+2년 묵시적 갱신) + 2년 갱신요구권 = 총 6년 동안 거주가 가능하다. 다음 연장 때도 계약 종료, 혹은 계약 조건 변경 등의 이야기가 없다면 2년(+2년 묵시적+2년 묵시적) + 2년 갱신요구권 = 8년도 살 수 있다. 묵시적 갱신과 계약갱신요구권은 다르기 때문이다.

 묵시적갱신 (서로 말없이 무한 리필, 계약 자동 연장)
≠ 계약갱신요구권 (요구 시 1회 리필, 계약 연장)

임대인이 계약연장요구권을 거절했다? 어떻게?

사실 연석은 '이번에도 집주인이 연락 없겠지? 혹시 연락이 와도 갱신

요구권을 써서 2년 더 살 수 있을 거야'란 생각을 내심 하고 있었다. 그런데 4년만에 집주인에게 연락이 왔다. 어색한 인사를 주고받으며 안부를 묻고는 집주인이 말했다.

"연석 씨. 잘 지내셨지요? 저기, 우리 이번에 계약 기간이 끝나면, 집을 좀 비워줘야 할 것 같아요."

연석은 당황했지만, "저 갱신요구권 써서 2년을 더 연장하고 싶습니다."라고 말했다. 그러나 돌아오는 답변은 갱신 거절이었다. 왜 집주인은 갱신 요구를 받아들이지 않았을까? 아래와 같은, 거절할만한 합당한 사유가 있다면 갱신요구권의 거절이 가능하기 때문이다.

1. 임차인이 2기의 차임액에 해당하는 금액에 이르도록 차임을 연체한 사실이 있는 경우
2. 임차인이 거짓이나 그 밖의 부정한 방법으로 임차한 경우
3. 서로 합의하여 임대인이 임차인에게 상당한 보상을 제공한 경우
4. 임차인이 임대인의 동의 없이 목적 주택의 전부 또는 일부를 전대(轉貸)한 경우
5. 임차인이 임차한 주택의 전부 또는 일부를 고의나 중대한 과실로 파손한 경우
6. 임차한 주택의 전부 또는 일부가 멸실되어 임대차의 목적을 달성하지 못할 경우
7. 임대인이 다음 각 목의 어느 하나에 해당하는 사유로 목적 주택의 전부 또는 대부분을 철거하거나 재건축하기 위하여 목적 주택의 점유를 회복할 필요가 있는 경우
   가. 임대차 계약 체결 당시 공사시기 및 소요기간 등을 포함한 철거 또는 재건

축 계획을 임차인에게 구체적으로 고지하고 그 계획에 따르는 경우

나. 건물이 노후·훼손 또는 일부 멸실되는 등 안전사고의 우려가 있는 경우

다. 다른 법령에 따라 철거 또는 재건축이 이루어지는 경우

8. 임대인(임대인의 직계존속·직계비속을 포함한다)이 목적 주택에 실제 거주하려는 경우

9. 그 밖에 임차인이 임차인으로서의 의무를 현저히 위반하거나 임대차를 계속하기 어려운 중대한 사유가 있는 경우

1, 3, 8번이 갱신 거절 사유 중 가장 많다. 특히 1번은 집주인이 방을 뺄 수밖에 없는 명분이 된다. 월세를 2개월 이상 밀렸다면, 갱신 거절은 물론이고 계약 해지 사유도 된다. 바빠서 몇 번 월세 날짜를 깜빡한 것뿐인데, 계약 갱신을 할 때 발목을 잡는다. 그러니 월세는 정해진 날짜에 무조건 내자.

집 근처에서 향초 공방을 운영 중인 윤정도 갱신요구권을 써서 계약 연장을 요구했다. 그런데 집주인이 보상금을 줄 테니 받고 나가는 게 어떻겠냐며 거절했다고 한다.

"얼마 받고 나가면 적정한 거예요? 다른 세입자들도 지금 협의 중인 것 같아요."

대체로 보상금은 몇 달치 월세, 이사 비용과 중개수수료 등을 고려해 서로 의논해 정한다. 더 넓고 좋은 집으로 이사할 기회라면 수락하면 된

다. 반면에 턱없는 비용이라고 판단되면 받아들이지 않아도 된다. 때때로 아쉬운 집주인이 보상금을 더 높여 주기도 하니, 3번 상황이라면 선택권을 쥐고 협상할 수 있다.

8번처럼 집주인, 집주인의 부모나 자녀가 직접 거주할 경우에도 갱신요구권을 거절할 수 있다. 이럴 때는 빨리 이사할 집을 알아보는 것이 좋다. 만약 집주인이 거짓으로 갱신 거절 후 임대, 매매했다면 세입자에게 손해배상을 해 줘야 한다.(단 실 거주 후 사망, 해외 파견 등 불가피한 상황 제외)

계약 기간을 1년으로 했다면, 1+1+2=4년

필라테스 강사 미진은 센터를 옮길 수도 있어서, 오피스텔 전세 계약을 1년으로 했다. 그 후 1년 더 연장해 2년 가까이 살고 있다. 그런데 이 센터에서 결국 몇 년 더 일하게 되었다. 이 경우에도 갱신요구권을 사용해 계약을 한 번 더 연장할 수 있을까?

가능하다. 계약 기간을 1년으로 정했다 해도 총 4년을 살 수 있다. 주택임대차보호법상 2년 미만으로 정한 임대차 기간은 2년으로 보기 때문이다. 결론은 1+1+2=4년이므로 2년을 채운 후 갱신요구권을 써서 2년을 더 살면 된다.

계약 갱신 후 계약서는 다시 써야 할까? 확정일자는?

계약서를 다시 쓰지 않더라도 최초 계약서만 잘 보관하면, 대항력은 여전히 유효하다. 만약 보증금, 월세를 올려서 증액 계약을 다시 했다면 새 계약서에도 확정일자를 받아야 한다. 그리고 최초 계약서와 증액 계약서 2부를 잘 보관하면 끝이다. 계약 갱신 후 4년이 지나 완전 새로운 조건으로 계약을 다시 하게 되면 그때는 재계약으로 본다.

정리! 계약 갱신 유리하게 하기

1. 1년 계약 후 더 살고 싶다면, 계약 기간 2년 주장하기. 그 후 계약갱신권으로 2
년 주장하기.(1년+1년+2년=4년)

2. 월세 연체, 시설물 파손, 전대차 등 갱신 거절 사유 조심하기.

3. 만기 6~2개월 전까지 집주인의 연락이 없으면, 굳이 갱신요구권을 사용하지
않고 묵시적 갱신으로 2년 살기. 그 후 묵시적 갱신 만기 전에 계약갱신권 사용
하기.
(계약 기간2년+묵시적 갱신2년+갱신요구권2년=6년, 묵시적 갱신 시 더 오래
살 수 있다.)

4. 집주인이 만기 6~2개월 전에 보증금, 임대료를 과하게 올리면 계약갱신요구권
을 사용하고 임대료 상한선 5%를 주장하기.

5. 계약 갱신 후 이사한다면 중도해지권을 사용하기.
(특약에 별다른 말이 없다면 중개수수료를 부담하지 않아도 된다.)

계약 기간 남았는데 이사해야 한다면?
(중도해지, 만기 전 퇴실)

때때로 학업, 군대, 이직, 결혼, 육아, 해외 이주 등으로 계약 만기 전에
집을 나와야 할 상황이 생기기도 한다.

10살 터울의 형제 동민, 영민은 지금 함께 살고 있다. 아직 만기까지
1년 넘게 남아있는데, 영민의 갑작스러운 결혼으로 동민도 직장 근처로
거처를 옮기려 한다.

계약 기간 중에 나와야 한다면 첫 번째로 할 일은?

가장 먼저, 집주인에게 알려야 한다. 현 상황을 충분히 설명한 후 어
떻게 하면 좋겠냐고 물어본다. 혹시 보증금을 미리 돌려줄 수 있는지, 아
니면 새로운 세입자를 구해야만 보증금을 받을 수 있는지 말이다. 대부

분은 후자 쪽이겠지만, 소액 보증금이거나 만기가 얼마 남지 않았다면 미리 보증금을 돌려주는 경우도 있다. 몇 달치 월세를 공제하고 보증금을 돌려주는 집주인도 본 적이 있다.

보증금 액수가 크거나 계약 기간이 상당히 남아 있다면 보증금을 미리 돌려받기는 쉽지 않다. 갑작스러운 세입자의 퇴거에 늘 대비하고 있는 사람은 정말 소수이며, 보증금을 미리 돌려주면 빈방이 되기 때문이다. 게다가 집주인들은 알고 있다. 만기 전에 보증금 반환 의무가 없다는 것을 말이다.

내가 본 자산가들은 현금을 통장에 가만히 넣어 두지 않는다. 대출 상환, 부동산, 주식, 채권 투자 등 어떤 식으로든 돈을 굴리고 있다. 그래서 그들은 새 임차인에게 보증금을 받아서 반환하는 방법을 가장 많이 사용한다. 그렇다면 빨리 보증금을 받으려면 누군가 이 집에 들어와야 한다. 그러니 이제부터 집 빨리 빼는 방법에 대해서 알아보자.

어떤 부동산 중개업소에 집을 내놓아야 할까?

가능하면 여러 곳의 부동산 중개업소에 집을 내놓되 업력이 오래되거나 계약이 많은 곳이 좋다. 적극적인 마케팅을 하는 곳이면 더더욱 좋다. 웹사이트, 애플리케이션에 부동산 정보가 올라와 있고 손님이 많은 곳이 빨리 계약할 확률이 높다. 그런 곳을 어떻게 알 수 있냐고? 적어도 공인 중개사사무소 10곳 정도와 대화해 보면 알 수 있다. 능력 있는 공인중개사는 인근 빈집의 수, 이 집의 계약 가능성, 적정한 집의 시세를 이미 파악하고 있다. 그리고 빠른 퇴실을 위한 해결책을 제시해 주기도 한다.

일 잘하는 공인중개사를 찾았다면 이제 그들에게 집의 조건, 이사 날짜, 집의 장점과 문제점까지 숨김없이 이야기하자. 공인중개사들은 장점은 부각시키고, 문제의 해결법까지 생각하며 일을 한다.

공인중개사에게 집을 내놓았다고 끝이 아니다. 중간중간 전화하거나 방문하여 집을 보러 올 사람이 있는지 체크해야 한다. 왜냐하면 하루에도 몇 개씩 새로운 부동산 매물이 계속 쌓이기 때문이다. 의뢰한지 오래된 매물은 종종 잊어버리기도 하고, 다른 곳에서 계약이 되었을 거라 생각해 관심에서 멀어지기도 한다. 새 임차인이 들어올 때까지 중개업소에 한번씩 연락하는 노력을 기울여 보자.

새 임차인이 빨리 들어올 수 있는 꿀팁은?

실제로 고객과 함께 보러 갔던 2개의 집에 대한 예시이다.

집을 보려고 문을 열었다. 상큼하고 달콤한 향기가 난다. 모던한 가구 배치, 깔끔한 정리 정돈으로 집이 넓어 보인다. 좀 더 꼼꼼히 둘러보고 싶다. 식탁 위에 활짝 핀 꽃 한다발과 포인트 소품들이 화사하게 집 내부를 밝혀 준다. 내가 여기 산다면, 나는 어떻게 꾸밀까 행복한 상상을 해 본다.

자, 이번에는 다른 집이다.

현관문을 열자마자 수십 켤레의 신발과 재활용 쓰레기가 어지럽게 펼쳐져 있다. 어쩐지 신발을 벗기가 두려웠지만, 들어가 보았다. 오 마이 갓! 거실 바닥에는 먹다 남긴 순대와 떡볶이가 널브러져 있고, 쌓아둔 빨래 무덤에서는 쉰내가 풀풀 났다. 고양이 3마리도 살고 있었는데, 고객의 검은 양말이 흰 털 양말로 바뀌어 민망할 정도였다. 가성비가 좋은 집이었는데, 고객은 그 집을 선택하지 않았다.

다소 극단적이지만, 두 집은 같은 건물, 같은 구조였다. 사람들은 의외로 작은 것에도 민감하게 반응한다. 이성에게 첫눈에 반하는 것과 마찬가지다. 상대의 성격, 가치관과 생활 방식을 알아서 첫눈에 반하는 사람은 없다. 이성의 외모에 끌리면 비로소 그 사람을 알아가고 싶어진다. 오랫동안 감지 않아 떡진 머리카락으로 소개팅에 나온 사람이 있다면, 좀 더 알고 싶은 마음이 생길까? 아마 삼십육계 줄행랑을 치고 싶을 것이다.

악마는 디테일에 있다. 현관의 신발을 정리하고 쓰레기를 깨끗이 처리하자. 담배 냄새, 설거지가 가득 쌓여 있는 싱크대, 유리창에 덕지덕지 붙어있는 뽁뽁이, 여기 저기 걸려있는 옷가지, 음식물 쓰레기, 반려동물의 털이나 배설물도 청소해야 한다. 별것 아닌 것 같지만, 누구나 깨끗하고 좋은 집에 살고 싶다.

나도 집을 빨리 빼려고 작은 노력을 한 적이 있다. 현관을 치우고, 오시는 분들을 위해 귀여운 슬리퍼를 배치했다. 욕실과 주방의 묵은 때를 꼼꼼히 씻어내고 은은한 향기를 위해 디퓨저도 놓았다. 가구나 물건들은 규칙에 맞춰 정리했고 자주 환기를 시켜 주었다. 작은 것들을 신경 썼을 뿐인데 단숨에 계약이 되었다. 보증금을 빨리 받아서 나가야 한다면 이정도 노력은 해 볼만 하지 않을까?

집은 언제든 볼 수 있도록, 이사 날짜는 유연하게

집은 언제든지 볼 수 있게 해 주자. 시간에 제한을 두고 집을 보여 준다면 시간이 맞지 않는 사람은 보기가 어렵다. 공인중개사도 약속 시간 맞추기 편한 집을 선호한다. 한 번 돌아간 사람이 그 집을 보려고 다시 방문할 확률은 낮다. 집을 이미 비워 두었다면 중개업소에 비밀번호를 알려주거나 키를 관리실에 맡겨 두는 방법이 있다.

공실이 아니라면 가족, 친구, 지인 등 문을 열어 줄 사람이 있어도 괜찮다. 만약 중개업소나 관리실에 비밀번호를 공유하거나 키를 맡겨야 한다면 귀중품은 잘 보관하도록 한다. 비밀번호를 공유했다면 자주 바꾸는 것이 안전하다.

이사 일정은 열린 마음이 중요하다. 하루 이틀 안 맞아도 대화로 맞춰 가면 계약의 확률은 높아지고, 보증금 반환은 빨라진다.

계약 만료 전에는 임차인이 중개수수료를 내야 한다?

만기 전 퇴실하면 약속한 기간을 채우지 못하는 것이므로 중개수수료는 세입자가 부담하는 것이 관례이다. 돈이 걸려있다 보니 분쟁이 많다. 그래서 계약서를 쓸 때 "만기 전 퇴실 시 중개수수료는 임차인이 부담한다"는 내용을 특약 사항에 기재하는 경우도 많다. 중개수수료는 퇴실 후, 보증금을 반환 받은 날 지급하면 된다.

만일 신규 임차인이 들어오지 않으면 보증금을 반환 받기는 사실상 어렵다. 이 때는 만기일까지 월세, 관리비, 공과금을 부담해야 하니 참고하자.

계약이 자동 연장되면
만기까지 이사할 수 없을까?

"이사하려는데 집주인이 보증금을 돌려주지 않아요."

우빈이 급하다며 연락을 해왔다. 사실 요즘 가장 겁나는 말이다. 역전세나 전세 사기는 아니길 바라면서 무슨 일이냐고 물었다.

"집주인이 묵시적 갱신이 됐으니 다음 세입자가 들어오기 전까지 보증금을 돌려줄 수 없대요. 근데 다음 주면 계약 기간 2년 만기일이거든요. 계약 기간도 아직 일주일이나 남았는데 왜 갱신이 되었다는 건지… 이거 갑질 아닌가요? 집주인과는 말이 안 통하고, 이제 감정이 상해서 더는 말하고 싶지도 않아요. 만기일에 보증금을 안 주면 결국 소송하는 게 좋을까요?"

일단 진정하고! 묵시적 갱신부터 알아보자

묵시적 갱신 = 자동 연장

묵시적 갱신이란 임대인이 계약 기간이 끝나기 6~2개월 전까지, 임차인이 계약 기간 끝나기 2개월 전까지 계약 조건의 변경 또는 해지의 의사 표시가 없었을 경우, 동일한 조건으로 계약이 연장되는 것을 말한다. 쉽게 설명하자면, 휴대폰을 구매하고 통신사와 2년 약정을 했다. 그러다 약정 기간이 끝났는데, 나도 다른 통신사로 바꾸겠다고 말하지 않았고 통신사에서도 별다른 연락이 없었다. 그렇다면 동일한 통신사, 동일한 요금제가 동일한 조건으로 유지된다.

이렇게 서로 암묵적으로 자동 연장에 동의한 것을 부동산에서 묵시적 갱신이라고 한다. 그래서 암묵적으로 우빈의 계약은 동일한 조건으로 2년 자동 연장된 것이다. 우빈이 계약을 종료할 계획이었다면 집주인에게 '만기 2개월 전까지 알렸어야 했다. 자동 연장을 원하지 않으며, 만기일에 보증금을 돌려달라고 말이다.

묵시적 갱신 후, 계약 해지하고 보증금 달라고 할 수 있을까?

2개월 전까지 알리지 않아 계약이 자동 연장되면, 2년간 계속 살아야 하는 걸까? 그렇지 않다. 세입자는 묵시적 갱신 후, 계약 기간 2년을 채우지 않고도 언제든지 해지할 수 있다. 반대로 집주인은 그럴 수 없다.

이 제도는 임차인을 보호하기 위해 만들어졌기 때문이다. 따라서 계약이 연장되었다 해도 세입자가 이사하겠다고 알리면, 통보한 날로부터 3개월 후 계약은 해지된다. 그리고 집주인은 세입자에게 보증금을 반환해야 한다.

하지만 애석하게도 대부분의 집주인은 신규 세입자의 보증금을 받아 돈을 내어 준다. 집주인도 당장 목돈이 없는 경우가 훨씬 많기에, 특히 전세는 대부분 그렇다. 그러니 당장 보증금을 못 준다는 말에 세입자라서 무시당했다고 생각하며 상처받거나, 부당한 대우를 받는 '을'인 것 같다고 슬퍼할 필요 없다.

화가 나서 소송부터 하려는 경우도 있는데, 이런 예상치 못한 퇴실의 경우, 집주인이 악의적으로 돈을 안 주는 것이라기보다는 지금 당장 보증금을 융통할 능력이 없는 것일 수 있다. 소송이 답일 때도 있지만, 말이 법보다 문제를 더 쉽게 해결하는 경우도 많다. 소송은 시간, 비용, 감정까지 소모되므로 좀 더 신중하게 접근하길 바란다.

중요한 것이 있다. '해지 통보 후 3개월 되었으니 돈 주겠지?'라고 생각하고 미리 이사할 집의 계약을 해서는 안 된다. 계약금을 날리지 않으려면, 신규 세입자가 확정된 후 제 날짜에 보증금을 받을 수 있는지 먼저 확인해야 한다. 그래야 손해를 피할 수 있다.

중개수수료는 누가 내야 할까?

통상 중개수수료는 만기 전에 이사하면 세입자가 내고, 만기일에 퇴실하면 집주인이 부담한다. 그러나 묵시적 갱신의 경우, 세입자와 집주인의 견해 차이가 꽤 크다. 집주인은 묵시적 갱신도 계약 기간이므로 세입자가 내야 한다고 주장한다. 반면에 세입자는 이미 계약이 만료되었으니 낼 수 없다고 말한다. 그래서 수수료 분쟁이 잦은 편이다.

묵시적 갱신 중에 계약을 해지하면, 세입자는 수수료를 내지 않아도 된다. 언제든지 계약 해지가 가능한 상태이기 때문이다. 단 계약서 특약에 임차인이 수수료를 부담한다는 내용이 없는 경우에 한한다.

묵시적 갱신 중에도 보증금을 잘 받아서 나가는 방법

신규세입자 계약 및 보증금 납부 → 집주인 → 세입자 보증금 반환

보증금을 빨리 돌려받으려면 다음 사람이 빨리 들어와야 한다. 집주인은 다음 세입자의 보증금을 받아 내 보증금을 돌려준다. 그래서 집을 보여주고 이사 날짜를 맞출 때, 적극적이고 유연하게 하는 것이 좋다. 집주인과 새로 들어올 세입자를 위해서가 아니다. 내가 원하는 때에 보증금을 돌려받기 위해서이다.

묵시적 갱신 후 이사를 해야 한다면, 이렇게 얘기해 보면 도움이 될 것 같다.

"곧 2년 계약이 끝나는데, 6개월만 더 살고 나가도 될까요?" 혹은 "만기 후, 1년만 연장해도 될까요?" 이렇게 미리 알려주고, 충분히 다른 세입자를 찾거나 보증금을 구할 시간을 주는 것이다. 집주인 대부분은 특별한 사정이 없으면 승낙할 것이다. 세입자가 자주 바뀌는 것 보다 좀 더 오래 살아주는 게 집주인 입장에서도 유리하기 때문이다.

계약 기간이 남았는데
집주인이 나가라고 한다면?

왜 나가라고 하는데? 그 이유부터 알자

얼마 살지도 않았는데, 집주인이 지환에게 갑자기 나가 달라고 한다. 계약 기간도 아직 남아있는데, 순순히 나가야 할까, 아니면 버텨야 할까? 이 집에서 4년은 살겠다고 생각했던 지환은 당혹스러운 마음도 잠시, 너무 화가 나고 걱정된다. 주택임대차보호법상 임차인은 2년 동안 거주할 권리가 있으며 1회에 한해 계약갱신요구도 할 수 있다. 그런데 그걸 모를 리 없는 집주인이 무슨 이유로 나가라고 하는 걸까? 그 이유부터 파악해 보자.

집주인이 나가라면 별 수 없이 나가야 하는, 계약 해지 사유 6가지

1. 2개월분 이상의 월세를 연체한 경우(차임 연체액의 누적합계가 2개월분)
2. 주택을 고의 또는 과실로 파손한 경우
3. 동의 없이 주택을 전대한 경우
4. 주택을 임대차 계약에서 정한 목적대로 사용하지 않을 경우(사무실로 이용)
5. 안전상의 문제
6. 계약 시 특약으로 정한 내용을 위반하였을 경우

위 내용은 계약을 해지할 수 있는 사유이므로 주의하는 게 좋다. 지환은 월세를 몇 달 밀리는 바람에 하마터면 계약이 해지될 뻔한 소동을 겪었다. 다행히 지금은 원만히 해결하여 잘 살고 있다.

대부분의 세입자는 집세를 밀리기는커녕 오히려 미리 내는 사람도 많다. 집도 집주인보다 더 깨끗하게 쓴다. 다만 사정이 너무 어렵거나, 해외 파견 근무, 방학 등으로 깜빡하여 월세를 밀리는 일은 언제든 생길 수 있다. 비슷한 일을 겪고 있다면, 집주인에게 고의가 아니었음을 잘 이야기해 보는 게 현명하다. 미납된 월세를 당장 납부하고, 혹시 월세를 밀릴 일이 있다면 미리 양해를 구하자.

파손된 집은 직접 고쳐서 걱정하는 일 없게끔 해놓겠다 하자. 다른 사람에게 임대인 동의 없이 집을 빌려주었다면, 관계를 정리하자. 혹시 집주인이 이해해 준다면 만료일에 전차인(임차인이 집을 빌려준 사람)이 집을 무조건 비우겠다는 문서를 작성하는 방법도 있다.

이 외에 주택이 오래되어 안전을 위협할 때도 집을 비워달라고 할 수 있다. 재건축이 필요한 경우인데, 대체로 사전에 알려주는 편이다.

특약 사항을 지키지 않아도 집주인이 계약을 해지할 수 있다. 최근에는 특약으로 반려동물, 흡연 금지를 적는 경우도 많다. 반려동물의 소음, 흡연으로 인한 담배 냄새가 이웃의 민원으로 이어지기 때문이다. 그러니 반려동물을 키운다면 계약 전에 미리 고지하는 것이 좋다.

신용을 쌓기는 어려워도 잃는 것은 한순간이다. 그래도 한 번 실수하더라도 오히려 책임 있게 수습하는 모습을 보여주면 용서받을 수 있다. 그리고 서로 신뢰를 가지게 되면 어려워 보이는 일도 생각보다 쉽게 해결된다. 혹시라도 계약 해지가 될 만한 일을 했다고 해도 진심으로 사과하고, 해결할 수 있는 기회로 만들자.

집주인 사정으로 나가라고 할 때 그건 니 사정이고, 배 째!!

계약 해지 사유가 없는데도 퇴실을 권유 받기도 한다. 참으로 당황스럽지만, 침착하게 계약서를 확인해 보자. 계약 기간이 남아 있다면 마저 채우겠다, 계약 기간까지 나갈 수 없다고 주장해도 된다. 일방적인 집주인의 사정 때문에 약속된 기간이 남았는데도 반드시 비워줘야 하는 것은 아니다. 하지만 적절한 보상을 해 준다면 퇴실해도 괜찮다. 계속 머무를지 나갈지는 세입자가 직접 결정할 수 있다.

6장

보증금 안전하게
돌려받기

역전세, 깡통전세는
○○○○ 하면 피할 수 있다

"매매가와 전세가가 같으면 위험한 건가요? 역전세, 깡통전세를 조심하라던데 뉴스를 읽어도 도무지 어려워서 모르겠어요. 왜 조심해야 할까요?"

대학 졸업 후 직장에 취업한 예은은 전세 계약을 하려고 한다.

스마트폰, 의류, 자동차는 시간에 따라 구형이 되거나, 재고가 많아지면 대체로 가격이 하락한다. 그러나 부동산 가격은 인플레이션으로 꾸준히 상승하는 게 일반적이다. 움직일 수 없고, 소모되지도 않으며 대량생산이 불가능한 한정된 자원이기 때문이다. 집값이 오르면, 전세 가격도 그에 발맞춰 올라간다.

역전세, 깡통전세?

대게 전세금은 입주 당시보다 가격이 올라 계약 만료 시점에는 보증금을 올려 줘야 한다. 그런데 오히려 전세 가격이 떨어지는 것을 **역전세**라고 한다. 2년 전보다 보증금이 디스카운트 되는 것이다. 이러면 신규 세입자의 보증금을 받아도 기존 세입자의 보증금을 충당할 수 없게 된다.

비슷한 개념의 **깡통전세**는 전세 가격이 집값과 같거나 더 높은 것을 말한다. 이 경우 집을 팔더라도 임차보증금을 돌려줄 수 없게 된다. 깡통전세는 급격한 집값 하락이나 무리한 대출이 원인인 경우가 많다. 또는 애초에 매매 가격 대비 과도한 전세가율이 이유일 수도 있다.

쉽게 말해, 집을 팔아도 대출과 보증금을 충당할 수 없어서 세입자의 보증금을 돌려줄 수 없는 상태의 전세가 깡통전세다.

역전세, 깡통전세 정리!
- 2년 전 전세보증금 > 현재 전세보증금
- 전세보증금 + 대출 ≧ 매매 가격
- 전세보증금 ≧ 매매 가격

역전세, 깡통전세는 왜 위험할까?

세입자는 계약 만료일에 보증금을 돌려받아야 한다. 그런데 매매가와 전세가가 같거나, 오히려 사는 것보다 전세가가 비싼 집이라면 새로운 세입자가 들어올까? 나라면 절대 안 들어간다. 아마 모든 세입자는 같은 선택을 할 것이다. 모든 세입자는 안전한 집을 원한다. 하지만 신규 세입자가 들어오지 않으면, 집주인은 기존 세입자에게 보증금을 돌려주지 못한다.

"세입자가 안 들어오면, 집주인이 집을 팔아서 보증금을 돌려주면 되지 않나?"

이렇게 생각하는 세입자도 많을 것 같다. 틀린 말은 아니지만, 그 역시 만만치 않다. 일단 역전세, 깡통전세가 많다는 것은 전보다 부동산 가격이 내려가고 있다는 의미다. 집값이 떨어질 거란 심리가 강해 아무도 집을 사지 않는다. 사자마자 할인될 물건에 베팅하는 사람은 없다. 집은 팔리지 않고, 팔려는 사람의 수는 점점 많아진다. 그럴수록 집값은 더 가파르게 하락하고, 집주인이 집을 팔아봐야 깡통이 된 집으로는 보증금 전액을 돌려줄 수 없다. 게다가 집을 팔 때 중개수수료, 세금 등으로 나갈 돈도 필요하다.

"그래도 집주인은 돈이 많아서 괜찮지 않을까?" "집값이 또 올라가면 되는 거 아냐?"

가능한 이야기이긴 하지만, 애초에 세입자의 보증금으로 갭 투자를 했다면 큰돈이 없는 경우가 더 많다. 집주인의 주머니 사정은 더더욱 알 수 없다. 더군다나 집값의 상승과 하락은 경제 전문가도 정확히 예측하기 어렵다.

사람들은 치약, 비누 같은 생필품을 살 때도 오프라인, 온라인의 가격을 비교하며 최저가로 구매하려 한다. 비싸게 구매하여 손해를 보고 싶지 않기 때문이다. 그런데 전세 계약할 때는 왜 그처럼 되지 않는지 모르겠다. 매매가와 전세 금액이 같거나 비슷한 집에 입주하려고 한다면, 제발 그러지 마라. 집이 아무리 마음에 들어도 충동적으로 계약하지 말고, 좀 더 촘촘하게 매물을 들여다보고 결정하기를 당부한다.

역전세, 깡통전세는 '시세 확인' 하면 피할 수 있다

지금 우리는 운전 중이다. 그런데 앞차가 급하게 브레이크를 밟으면서 버렸다. 앞차와 10m간격을 두는 것과 50m의 거리를 두는 것 중 충돌을 피할 가능성이 큰 것은? 우리는 정답을 알고 있다. 안전거리가 길수록 더 안전하다. 집도 마찬가지다. 매매와 전세 가격 사이에 충분한 거리두기를 할 때 전세 사고 위험을 줄일 수 있다. 입주 전에 '시세 확인'만 잘해도 역전세, 깡통전세 지옥을 피할 수 있다.

매매가 1억 원인 집이 있다. 전세 계약을 할 때 보증금 9천만 원과 5천만 원 중 어떤 것이 더 안전할까? 당연히 5천만 원 차이가 나는 후자를 선택해야 역전세, 깡통전세의 위험에서 멀어질 수 있다. 혹시 매매 가격이 7천만 원으로 떨어져도, 집이 경매에 넘어가 6천만 원에 낙찰이 된대도, 5천만 원에 전세 계약을 했다면 보증금을 전부 구출할 수 있다. 이렇게 적정한 거래 시세를 제대로 알 수 있다면, 우리는 스스로 보증금을 지켜낼 수 있다. 이제 그 방법에 대해 배워 보자.

거래 시세 파악하기

1. 공공기관, 지방자치단체 홈페이지 이용하기

전국 및 각 지역의 매매, 전세, 월세 시세를 조회할 수 있다.

· 국토교통부 실거래가공개시스템(http://rt.molit.go.kr/)

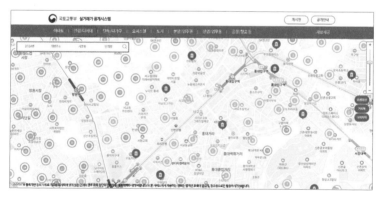

▲ [국토교통부 실거래가공개시스템]

- 서울 부동산 정보광장(https://land.seoul.go.kr)

▲ [서울 부동산 정보광장]

- 경기포털(https://gris.gg.go.kr/)

▲ [경기 부동산 포털]

• 인천광역시 지도포털(incheon.go.kr)

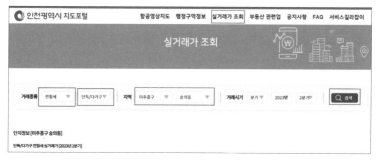

▲ [인천광역시 지도포털]

2. 금융기관 및 포털사이트를 이용하기

KB부동산과 네이버 부동산에서는 실거래가와 매물 광고도 확인할 수 있다. 특히 아파트, 오피스텔 등 공동주택의 과거 거래 금액과 현재 매물의 가격을 비교할 수 있는 장점이 있다.

• KB부동산(https://kbland.kr)

▲ [KB부동산]

• 네이버 부동산(https://land.naver.com/)

▲ [네이버 부동산]

3. 디지털 플랫폼 활용하기

다른 말로 프롭테크(Prop Tech)라고 한다. 부동산(property)과 기술(technology)
을 결합한 용어로, 부동산과 기술을 결합한 서비스를 말한다. 중개, 부동
산 투자와 개발을 위해 만들어 졌지만, 알아 두면 꽤 유용하다. 주소지,
주택 유형을 검색한 후 지도를 움직이며 보기 때문에 사용법이 간단하
다. 그리고 인근 다른 주택의 사례까지 한번에 확인할 수 있어 편리하다.

• 밸류맵(valueupmap.com)

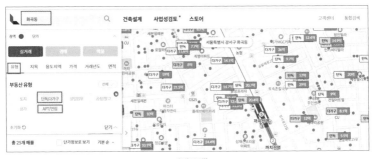

▲ [밸류맵]

- 그 밖에 아파트, 오피스텔 실거래가 및 거주 환경, 전세가율을 참고할 수 있는 호갱노노(hogangnono.com)와 호실별 거래 금액과 거래일까지 상세히 나와 있어 정확한 시세를 볼 수 있는 디스코(disco.re), 그리고 부동산플래닛(bdsplanet.com) 등이 있으니 도움이 되었으면 한다.

4. 등기사항증명서를 열람해 최근 거래된 매매 금액 확인

[집합건물] 인천광역시 미추홀구 숭의동 ▓▓▓ ▓▓ ▓▓

순위번호	등 기 목 적	접 수	등 기 원 인	권리자 및 기타사항
6	5번압류등기말소	2002년3월28일 ▓▓▓▓	2002년3월27일 해제	
7	4번압류등기말소	2003년6월13일 ▓▓▓▓	2003년6월11일 해제	
8	압류	2013년4월17일 ▓▓▓▓▓▓▓	2013년4월17일 압류(교통행정과-8066)	권리자 인천광역시남구
9	8번압류등기말소	2013년5월15일	2013년5월15일 해제	
10	소유권이전	2015년4월27일 ▓▓▓▓	2015년4월15일 매매	소유자 ▓▓▓ ▓▓▓ ▓▓ 인천광역시 남동구 ▓▓ ▓▓ ▓▓ 거래가액 금130,000,000원

▲ [등기사항증명서의 매매 금액]

실거래가 없으면?
단독, 다가구처럼 여러 사람이 함께 사는 주택은?

아예 거래된 적이 없는 신축 건물, 최근 몇 년째 거래가 없는 집, 한 건물에 여러 세대가 함께 살고 있는 다가구, 단독주택의 진짜 가격을 알아내기란 초보 세입자에게 너무 어려운 일이다. 그렇다고 아파트, 오피스텔, 거래된 적 있는 집만 찾아서 거래하라는 것도 말이 안 된다. 이렇게 막막할 때 도움이 될 몇 가지 팁을 소개한다.

첫째, 전세 매물 주변 부동산 여러 곳을 방문해 보자. 지역 내 오래 머무르며 많은 거래를 경험한 공인중개사의 도움이 필요한 때이다. 그들은 주변의 거래 사례, 시세의 오르내림, 최근 거래의 증감까지 파악하고 있다.

실제로 KB부동산시세, 경매 감정평가도 지역 부동산의 조언을 얻는 경우가 많다. 게다가 손 바뀜의 발자취와 건물주의 성향, 건축의 변화까지 몸소 지켜봐 온 장본인이다. 부끄러워 말고 음료수라도 건네며 도움을 요청해 보자. 어쩌면 가장 정확한 시세를 확인해 줄 조력자가 될지 모른다.

두 번째, 공공기관에서 시세 상담을 받아보자. 서울 부동산 정보광장 내 서울시 전세금 상담센터, 경기도 깡통전세 피해예방 상담센터에 온라인 또는 전화로 신청하면 된다.

- **접수 문의**: 서울시 토지관리과 02-2133-4677 경기도 031-120 (kapanet.or.kr)
- **결과 문의**: 한국 감정평가사협회 02-3465-9892
- **주택임대차관련 법률 상담**: 법률구조공단 (국번 없이)132, 서울시 02-2133-1200~8

▲ [서울 부동산 정보광장 전세 가격 온라인 상담]

□ 업무처리 절차도

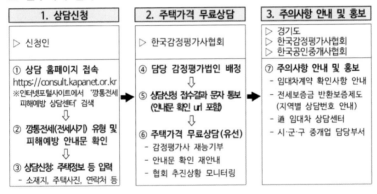

▲ [경기도 주택 가격 상담 업무 흐름도]

스스로 안전하게 전세 계약하려면?

깡통전세 공식은 **매매가 - 대출금 - 전세보증금 = 0**이다. 다가구, 단독주택은 선순위 보증금까지 빼고 계산한다. 매매가와 엇비슷한 수준이라면 입주하지 않는다. 아무리 전세 시세가 그렇다 해도 피하는 게 상책이다. 나중에 문제가 생기면 대출금, 선순위 보증금까지 다 계산하고 남은 금액에서 보증금을 돌려받기 때문이다.

대출금과 전세보증금의 합이 매매가 대비 80%를 넘는 전셋집은 웬만하면 거르는 게 좋다. 그래도 입주한다면, 보증금을 낮추고 월세를 조금 부담하는 반전세가 더 안전할 것 같다. 당장 내는 월세가 아까워도, 나중에 닥칠 손실에 비하면 아무것도 아니다. 매매가에 근접한 전세에 들어간다면 보증보험에 가입하는 것도 좋은 방법이다. 보험료를 내야 하지만, 보증금을 날릴 위험에 비하면 그 정도는 아끼지 말고 지출하는 게 낫지 않을까?

너무 겁먹을 필요는 없다. 위에서 이야기한 것처럼 매매, 전세 시세를 확인하고 계약하면 된다. 아슬아슬한 단계의 시세라면, 전세보증보험을 들어서 안전을 확보하면 그만이다. 모르면 당할 수 있지만, 우리는 이미 알고 있다. 어떤 집을 피해야 하는지 말이다. 충분한 안전거리를 유지하고 주변을 잘 살피면 보증금을 지킬 수 있다.

집주인이 보증금을 돌려주지 않으면
합의할까? 법대로 할까?

"집주인이 보증금을 돌려주지 않아 이사할 수가 없어요. 보증금을 받고 나갈 수 있는 방법이 없을까요?"

주영은 회사 발령으로 계약 만료일에 이사하려 했지만, 집주인이 보증금을 돌려주지 않는 바람에 발이 묶였다. 회사까지 장거리 출퇴근할 생각에 머리가 지끈거린다.

"이삿짐을 옮겨 집을 비웠는데도 집주인이 보증금을 주지 않아요. 어떻게 하죠?" 효섭은 계약 만기 2개월 전에 전화와 문자로 분명히 계약을 종료한다고 통보했다. 집주인은 만기일에 보증금을 주겠다고 약속했지만, 이사 당일까지 보증금을 돌려받지 못했다. 새집에 잔금을 치러야 하는데 앞이 캄캄하다.

집주인에게 보증금을 못 받아 이사를 못 하고 있다면 어떻게 해야 할까?

이미 이삿짐까지 옮겼는데, 보증금을 안 준다면 이제부터 뭘 해야 할까?

상황 파악이 먼저

주영과 효섭은 보증금을 못 받고 있다는 점에서는 유사하지만, 새집의 잔금을 해결해야 하는 효섭의 상황이 좀 더 심각해 보인다. 잔금을 입금해야만 새집의 계약금을 잃지 않기 때문이다. 두 사람 모두 이 상황을 슬기롭게 해결하려면, 집주인이 왜 보증금을 돌려주지 않는지 알아보는 게 우선이다. 새 임차인이 구해지지 않은 것인지? 다음 임차인의 대출, 자금 문제로 잔금 지급이 안 된 것인지? 집주인의 돈 문제인지? 혹은 휴일, 계좌 이체 한도, 수표 출금 등의 금융 문제인지 말이다.

주영은 불편하겠지만, 새집의 계약을 미루는 게 낫다. 보증금 반환이 확실해진 이후에 집을 알아보고 계약하는 게 안전하다. 응급상황에 가까운 효섭은 멘탈이 무너지겠지만, 서둘러 자금을 융통할 곳을 알아봐야 한다. 가족이나 친구를 통해 자금을 빌릴 수 있다면 천만다행이다.

집주인에게 보증금 일부라도 달라, 돈을 빌려서라도 달라고 말해야 한다. 이렇게 계약금을 날릴 수는 없다. 그조차도 여의치 않다면, 새 집주인에게 연체 이자를 좀 내더라도 잔금일을 늦출 수 있는지 물어본다. 아니면 당분간 잔금을 월세로 전환할 수 있는지 요청해 본다. 계약 해지와 계약금을 날리지 않을 최선의 방법을 찾아야 한다. 새집을 구해 준 공인중개사가 있다면 조언을 구하는 것도 도움이 될 것이다.

시급한 해결에는 합의가 우선, 합의가 불가능하다면 소송

돈을 돌려주지 않아 불안한데, 돌려주겠다는 약속도 지키지 않아 감정이 상한다. '법대로 해 봐?'라는 마음도 접어 두고 대화를 시도했지만, 말이 안 통한다. 그래서 결국은 고성과 막말이 오가며 한바탕 크게 싸운다. 종종 목격할 수 있는 일이다. 결국 법적 다툼을 하게 되면 아무래도 시간, 비용, 스트레스 등 품이 많이 들어간다.

이미 알고 있겠지만, 서로 해결책을 논의하고 합의하는 것이 가장 좋다. 화가 나는 것은 사실이지만, 그것보다 더 중요한 것은 내 돈을 돌려받는 것이다. 만약 합의가 되었다면, 문서로 작성하여 1부씩 서명 날인하고 나누어 갖는다. 문자 메시지로 주고받는 것도 괜찮다. 다음은 위와 같은 상황에 사용하면 도움이 될 예시이다.

예시 1) 임대인과 임차인은 2〇〇〇년 〇〇월 〇〇일로 계약 만료일을 연장하기로 한다. 임차인은 연장된 날까지 거주하며, 임대인은 만료일에 보증금을 반환하기로 약정한다.

예시 2) 임대인과 임차인의 합의에 따라 임대인은 미반환 보증금 1천만 원에 대해 매월 5백만 원씩 2개월에 걸쳐 분할하여 반환하기로 한다. 또한 임대인은 보증금 지연 반환에 따른 이자 〇%를 매월 말일 임차인에게 지급한다.

새 임차인이 들어와야만 보증금을 받을 수 있다면, 가급적 새집의 계약은 보증금 반환이 확정된 이후로 미루자. 안전하게 보증금을 받고 나가는 것이 최우선임을 잊지 말자. 중개업소에 매물을 접수한 내용과 집주인과의 합의 내용은 추후 법적 증거로 사용될 수 있다. 잘 보관해 두자.

그러나 집주인이 새 임차인의 계약 조건이 마음에 들지 않는다며 협조하지 않거나, 합의할 생각이 없는 경우라면, 마냥 기다릴 수는 없다. 빠르게 다음 단계로 넘어가야 한다. 일단 내용증명을 보내자. 집주인에게 법무사, 변호사의 조언으로 수일 내로 내용증명이 도착할 것이라고 알리는 것만으로도 압박이 될 수 있다.

내용증명이 뭐지? 어떻게 보낼까?

내용증명은 법적 조치 전 보내는 최후통첩이다. 엄밀히 말하면 법적 구속력은 없지만 실질적인 법적 시작 단계를 알리는 선전포고다. 만약 소송으로 이어지면 내용증명 자체가 강력한 증거가 된다. '임대차 계약 해지 및 보증금 반환요청'에 대한 내용증명의 주요 내용을 적어 두었으니 도움이 되길 바란다. 가급적 육하원칙에 맞추어 정확하고 상세하게 작성하는 것이 좋다.

1. 목적물의 주소(집 주소)

2. 임대인과 임차인의 이름, 주소, 연락처 등의 인적 사항

3. 임대차 보증금 및 계약기간

4. 계약만료일에 보증금 반환을 요구하였으나 임대인의 보증금 반환 불이행 사실, 보증금 미 반환 시 법적 대응에 대한 내용

예시) 본인이 귀하에게 임차한 위 주소지 주택의 계약 기간이 종료되어 만기 퇴실하고자 보증금 반환을 요청하였으나 현재까지 보증금 반환이 되지 않고 있습니다. ○○월 ○○일까지 보증금 금 ○○○원을 반환해 주시기를 요청합니다. 보증금 미반환 시 부득이 법적 절차를 진행할 수밖에 없음을 양해해 주시기 바랍니다.

내용증명 총 3부를 작성하여 우체국으로 간다. 1부는 임대인에게 등기우편으로 발송하고, 임차인, 우체국이 각 1부씩 보관한다. 간혹 주소지 불명으로 반송되기도 하는데, 그러면 반송된 내용증명서, 임대차 계약서, 신분증을 챙겨 거주지 관할 행정복지센터로 간다. 번거롭지만, 집주인의 주민등록초본 발급 후 최종 주소지로 한 번 더 내용증명을 보낸다.

내용증명을 보냈어도 명심해야 할 안전장치 3가지

거액의 돈을 빌려주고 받은 차용증을 그만 실수로 잃어버렸다. 상대방과 다툼이 생겼을 때 돈을 빌려줬다는 것을 입증할 수 있을까? 차용증처럼 세입자에게도 보증금을 돌려받을 증거가 필요하다. 내용증명을 보냈다고 해도 보증금 받을 때까지는 끝난 게 아니기 때문이다. 다음은 대항력과 우선변제권을 위한 필수 조건 3가지이다.

1. 점유
2. 거주지 주소를 다른 곳으로 옮기지 말 것
3. 확정일자 받은 계약서를 잘 보관할 것

제3자에게 임대차 권리를 주장할 수 있는 대항력은 전입신고+점유이다. 만에 하나 경매, 공매까지 진행되더라도 후순위권자보다 먼저 보증금을 받을 수 있는 우선변제권의 조건은 전입신고+점유+확정일자이다.

안전장치에 문제가 생긴다면?

확정일자 받은 계약서를 분실해 버렸다. 중요한 서류라 잘 보관했는데 발이 달린 건지 아무리 찾아도 보이지 않는다. 어떻게 해야 할까? 계약서를 작성해 준 부동산으로 간다. 부동산도 계약서 원본을 1부를 보관하고 있으므로 사본을 요청한다. 그리고 주소지 행정복지센터에서 확정일자 열람을 하여 사실을 증명할 수 있다.

사정 때문에 부득이 이사하면 점유를 잃는 것 아닐까? 그렇지 않다. 소량의 짐을 남겨두고, 집주인에게 열쇠를 넘겨주지 않으면 된다. 꼭 먹고 자야 한다는 뜻은 아니다. 집을 비우고 열쇠를 넘겨주고 주소지를 이전하는 것은 보증금을 돌려받은 동시에 하면 된다.

이번에는 전입신고가 문제다. 이삿짐을 옮겼고 새집으로 이사했기 때문에 새집에도 전입신고가 필수이다. 제도적으로 양쪽 모두 전입신고를 남겨둘 수는 없다는데, 해결할 방법은 없을까? 있다! 부모님, 배우자, 자녀가 같이 살고 있었다면 그중 1명을 주소지에 남겨 둔다. 아니면 이사할 집의 세대원으로 전입신고하여 확정일자를 받는 방법도 있다. 세대원의 전입도 대항력을 인정받을 수 있다.

보증금 받기 전에 이삿짐도 옮기고, 열쇠도 주고, 전출신고까지 해버리면, '돈은 서서 주고, 엎드려 받는다'는 옛말처럼 큰 고생을 하게 된다. 대항력도 잃고 집주인을 다그칠 증거도 없다. 사정사정해서라도 보증금을 받는다면 다행이겠지만, 법적으로 가도 불리하다. 그러지 않도록 미리 잘 챙기자.

점유도, 전입신고도 유지할 수 없다면?

"저는 주소지에 남겨 둘 세대원이 없어요. 심지어 새로 이사한 집의 보증금이 훨씬 커서 어쩔 수 없이 주소를 옮겨야 할 것 같아요. 어떻게 하죠?"

1인 가구 세입자가 많아서인지 이런 일은 심심치 않게 일어난다. 이 때는 **임차권등기명령**을 신청하면 된다. "집주인이 보증금을 주지 않았고, 나는 보증금을 받을 권리가 있어요!"라는 내용이다. 임차권등기명령을 신청하면 대항력과 우선변제권을 유지하면서 자유롭게 이사할 수 있다. 집주인이 동의, 협조도 필요 없고 법원의 집행명령만 있으면 된다. 꼭 기존 집의 등기사항증명서를 확인해 임차권등기명령이 되었는지 확인한 후 새집으로 전입신고해야 한다.

임차권등기명령 신청 방법 및 필요 서류

임차권등기명령은 주소지 관할 법원에서 임대차 계약이 종료된 후 신청할 수 있다. 주택으로 사용한 상가건물도 계약서나 주택 내부의 사진으로 거주 사실을 입증하면 신청이 가능하다. 미등기 건물은 건축물대장을 첨부하여 소유권 이전을 한 후에 신청이 진행된다. 그러나 무허가 건축물과 전차인은 신청 자체가 불가하다.

준비 서류와 비용

1. 신분증

2. 주민등록초본(상세 내용 포함, 주민등록번호 공개)

3. 확정일자가 찍혀 있는 임대차 계약서

4. 등기사항증명서(제출용)

5. 임차권등기명령 신청서(대법원 양식 또는 법원에서 작성)

6. 임대차 계약 종료 증명 서류(내용증명, 문자 인쇄, 통화 녹취록)

7. 각종 비용(인지세 2천 원, 등기 신청 수수료 3천 원, 등록세 7천 2백 원, 송달료 약 3만~4만 원)

임차권등기명령신청서 작성법은 어렵지 않지만, 신청 이유는 자세히 쓰는 것이 좋다. 필요한 서류와 비용은 법원 방문 전에 미리 확인해 본다. 임차권등기명령신청 비용과 보증금 반환 지연 이자는 집주인에게 청구할 수 있다. 특별히 주의할 점은, 집주인이 보증금 반환 전에 임차권등기를 먼저 말소해 달라고 하더라도 안전하게 보증금을 반환 받은 후에 말소해야 한다는 것이다. 임차권등기말소와 임차보증금 반환이 동시에 이행되어야 하는 것은 아니다.

임차권등기 하면 바로 보증금 받을 수 있을까?

임차권등기는 한동안 집주인의 재산상 권리 주장에 상당한 고통을 줄 수 있다. 새 임차인으로부터 보증금, 월세를 받거나 대출을 받으려고 해도 쉽지 않기 때문이다. 그러나 애석하게도 임차권등기가 임차보증금의 회수를 보장하지는 못한다. 임차권등기는 다른 측면에서 보면, '보증금을 돌려주지 않는 악성 임대인'이라는 일종의 주홍 글씨다. 그래서 모두가 입주를 꺼린다. 바꿔 말하면 새 임차인을 구해야만 보증금을 돌려줄 수 있는 상황이라면, 보증금을 받기까지 오랜 시간이 걸릴 수도 있다는 뜻이다.

새 임차인을 구하지 못한 집주인이 끝내 돈을 마련하지 못하면 추가로 임차보증금 반환 소송, 강제경매 등의 법적 절차를 거쳐야 할 수도 있다. 합의만을 고집하는 것은 아니지만, 때로는 법보다 합의가 좋은 결과를 가져다주는 순간도 있다.

주택임차권등기명령 신청서

인지
2,000원

신청인(임차인)   (성명)   (주민등록번호: -   )
                 (주소)
                 (연락 가능한 전화번호)
피신청인(임대인) (성명)
                 (주소)

신 청 취 지

별지목록 기재 건물에 관하여 다음과 같은 주택임차권등기를 명한다는 결정을 구합
니다.

다 음

1. 임대차계약일자 : 20   .   .   .
2. 임차보증금액   : 금   원, 차임: 금   원
3. 주민등록일자   : 20   .   .   .
4. 임 차 범 위   :
5. 점유개시일자   : 20   .   .   .
6. 확 정 일 자   : 20   .   .   .

신 청 이 유

첨 부 서 류

1. 건물 등기사항증명서   1통
2. 주민등록등본   1통
3. 임대차계약증서 사본   1통
4. 부동산목록   5통

                    20   .   .   .
        신청인   (서명 또는 날인)

                                    법원 귀중

▲ [임차권등기명령 신청서 양식: 대법원]

집이 경매에 넘어가면
한 푼도 못 받고 쫓겨나는 걸까?

사회 초년생인 은주는 보증금 1억 원, 월세 50만 원인 오피스텔에 살고 있다. 그런데 보증금도 받지 못하고 쫓겨날 위기에 처했다. 법원에서 경매를 알리는 우편물이 온 것이다. 보증금 1억 원은 회사 근처에 집을 얻으라며, 지방에서 농사일 하시는 부모님께서 주신 돈이었다. 그래서 경매로 보증금을 잃게 되었다고 차마 말씀드릴 수 없었다. 어쩔 수 없이 보증금 5백만 원, 월세 50만 원의 원룸을 구하기로 했다.

경매가 진행되는 이유는?

경매란 집주인이 채권자의 돈을 갚지 못해 생기는 일이다. 집 소유권에 빨간 딱지가 붙는 것이다. 경매에 참여해 집주인 대신 돈을 갚아준 낙찰자는 그 대가로 집을 갖게 된다. 집주인이 세금을 연체한 경우라면 공매로 진행한다. 공매는 절차와 진행 방법은 다르지만 경매와 비슷한 개념이다. 어쨌든 집이 경매나 공매에 넘어가게 되면 집주인은 소유권을 잃는다.

경매에 들어가면, 세입자는 무조건 쫓겨날까?

결론부터 말하면 쫓겨날 수도 있고, 그렇지 않을 수도 있다. '말소기준권리'보다 앞선 세입자는 쫓겨나지 않으며, 그렇지 않다면 쫓겨날 수 있다. 대항력과 우선변제권(점유, 전입신고, 확정일자)을 갖춘 시점이 말소기준권리를 앞서면 '선순위 세입자' 뒤따르면 '후순위 세입자'라고 한다.

선순위 세입자는 마치 고스톱에서 먼저 점수가 난 사람과 같다. 계속 게임을 이어가며 '고!' 할지 '스톱!'하고 돈을 따고 게임을 끝낼 지 주도권을 가지고 있다. 선순위 세입자에게 '고!'는 임대차 계약을 유지하는 것이다. 계약을 끝내고 보증금을 돌려받는 것은 '스톱!'이다. 경매 낙찰자인 새 집주인의 바람과는 상관없이 직접 선택할 수 있다.

반면에 후순위 세입자는 무조건 집을 비워 주어야 한다. 낙찰 금액과 배당 순위에 따라 보증금 전체를 돌려받는 세입자, 일부만 돌려받는 세입자, 전혀 돌려받지 못하는 세입자로 나뉠 뿐 법원은 이 모두에게 집주인에게 집을 인도할 것을 명령한다.

낙찰 금액이 높고, 앞선 배당액이 낮을수록 배당을 통해 보증금을 돌려받을 확률이 높다. 후순위 세입자는 배당요구종기일(배당액을 달라고 요구할 수 있는 마감일) 이전에 반드시 '배당 요구'를 하여야 보증금을 돌려받을 수 있다. '배당 요구'란 경매의 집행에 참여해 돈을 돌려받겠다는 의사표시를 하는 것이다. 배당 요구를 하지 않으면 받을 수 있는 보증금도 받지 못하고 쫓겨나게 된다.

선순위, 후순위를 가르는 말소기준권리에 대해 알아보자

쉽게 설명해 보면, 끓는 점을 넘으면 액체가 기체로 변하듯이 말소기준권리도 경매에서 끓는점처럼 특정한 기준이다. 이 기준을 넘으면 이후에 설정된 권리들은 증발하듯 사라지고 기준 이전의 권리만 남게 된다. 저당, 근저당, 압류, 가압류, 경매기입등기 중 가장 먼저 등기된 것이 말소기준권리가 된다.

- [선순위 세입자] 박미리 2024년 10월 10일 전입 및 확정일자 (배당 또는 계약유지 선택)
- **[말소기준권리] 근저당 백억은행 2024년 11월 10일 설정**
- [후순위 세입자] 김나중 2024년 12월 10일 전입 및 확정일자 (임차권 소멸, 순위에 따라 배당)

소액임차인의 최우선변제액이란?

하루에 10그릇의 음식을 파는 식당이 있다. 먼저 줄 선 사람부터 음식을 먹는다. 뒤로 갈수록 음식을 먹지 못할 확률이 높다. 먼저 온 차례대로 밥을 먹는 것처럼, 경매는 배당 순서에 따라 돈을 받는다. 후순위일수록, 낙찰 금액이 적을수록 돈을 받을 확률은 낮아진다. 경매에는 특별히 소액보증금 세입자를 보호하기위한 '**최우선변제**'가 있다. 뒤늦게 줄을 섰지만 형편이 어려운 사람에게 먼저 음식을 먹게 하는 것처럼 말이다.

배당 순위가 밀린다 해도 경매 낙찰 금액의 2분의 1 안에서 소액보증금을 가장 먼저 배당한다. 말소기준권리는 여기에서도 중요하므로 기준 시점을 확인해야 한다.

아래 그림과 같이 계약할 집에 근저당이 설정된 날짜에 따라 받을 수 있는 소액보증금과 그 범위가 다르다. 예를 들어 서울특별시에서 보증금 1억4천만 원의 계약을 한다면, '근저당 설정일'(기준시점)을 먼저 확인하자. 근저당이 2021년 5월 11일 이후에 설정되었다면 5천만 원까지는 우선 배당 받고, 나머지는 순서대로 배당 받게 된다. 만약 근저당 설정일이 2021년 5월 11일 이전이면 소액임차보증금의 범위가 1억1천만 원 이하이므로 우선해서 배당 받기 어렵고, 배당 순서에 따라 보증금을 돌려받는다. 이렇게 근저당 기준시점에 따라 최우선변제를 받을 수도, 그렇지 않을 수도 있다.

「주택임대차보호법」 소액임차인의 범위

기준시점	지역	임차인 보증금범위	보증금 중 일정액의 범위
2016. 3. 31. ~	서울특별시	1억원 이하	3,400만원
	「수도권정비계획법」에 따른 과밀억제권역(서울특별시 제외)	8,000만원 이하	2,700만원
	광역시(「수도권정비계획법」에 따른 과밀억제권역에 포함된 지역과 군지역 제외), 세종특별자치시, 안산시, 용인시, 김포시 및 광주시	6,000만원 이하	2,000만원
	그 밖의 지역	5,000만원 이하	1,700만원
2018. 9. 18 ~	서울특별시	1억 1천만원 이하	3,700만원
	「수도권정비계획법」에 따른 과밀억제권역(서울특별시 제외), 세종특별자치시, 용인시, 화성시	1억원 이하	3,400만원
	광역시(「수도권정비계획법」에 따른 과밀억제권역에 포함된 지역과 군지역 제외), 안산시, 김포시, 광주시 및 파주시	6,000만원 이하	2,000만원
	그 밖의 지역	5,000만원 이하	1,700만원
2021. 5. 11. ~	서울특별시	1억 5천만원 이하	5,000만원
	「수도권정비계획법」에 따른 과밀억제권역(서울특별시 제외), 세종특별자치시, 용인시, 화성시 및 김포시	1억 3천만원 이하	4,300만원
	광역시(「수도권정비계획법」에 따른 과밀억제권역에 포함된 지역과 군지역 제외), 안산시, 광주시, 파주시, 이천시 및 평택시	7,000만원 이하	2,300만원
	그 밖의 지역	6,000만원 이하	2,000만원
2023. 2. 21. ~	서울특별시	1억 6천 5백만원 이하	5,500만원
	「수도권정비계획법」에 따른 과밀억제권역(서울특별시 제외), 세종특별자치시, 용인시, 화성시 및 김포시	1억 4천 5백만원 이하	4,800만원
	광역시(「수도권정비계획법」에 따른 과밀억제권역에 포함된 지역과 군지역 제외), 안산시, 광주시, 파주시, 이천시 및 평택시	8,500만원 이하	2,800만원
	그 밖의 지역	7,500만원 이하	2,500만원

※ 기준시점 : 최초 근저당권 설정일을 기준으로 한다.
※ 과밀억제권역(2017. 6. 20. ~)
○ 서울특별시
○ 인천광역시(강화군, 옹진군, 서구 대곡동·불로동·마전동·금곡동·오류동·왕길동·당하동·원당동, 인천경제자유구역
　(경제자유구역에서 해제된 지역을 포함한다) 및 남동 국가산업단지는 각 제외)
○ 경기도 중 의정부시, 구리시, 남양주시(호평동, 평내동, 금곡동, 일패동, 이패동, 삼패동, 가운동, 수석동, 지금동, 도농동만 해당), 하남시, 고양시, 수원시, 성남시, 안양시, 부천시, 광명시, 과천시, 의왕시, 군포시, 시흥시[반월특수지역(반월특수지역에서 해제된 지역 포함) 제외]

▲ [주택임대차보호법 소액임차인의 범위: 공인중개사협회]

경매 절차는 얼마나 걸릴까?

경매에 들어가면 우선 채무자에게 빚을 갚도록 독촉하고 당사자 및 영향을 받을 사람에게 경매 사실을 알린다. 물론 세입자도 포함된다. 언제부터, 얼마의 보증금을 내고 살고 있는지 조사하고, 집 가격이 얼마인지 평가하는 과정도 필요하다. 경매 사건에 따라 다르지만, 경매 전에 알리고, 조사하는 시간만 보통 1년 정도 필요하다.

경매일에 그 집을 낙찰 받을 사람이 없다면 경매는 무효가 된다. 이렇게 유찰된 집은 20%~30%(공매는 10%) 할인된 가격으로 경매 날짜를 다시 정한다. 유찰이 반복되면 점점 낮은 가격으로 경매가 진행되며, 시간도 오래 걸린다. 처음 평가한 집값보다 낮은 가격으로 낙찰된다면, 세입자가 보증금 전액을 돌려받을 가능성은 적을 수밖에 없다.

경매 넘어갔을 때 뭐부터 해야 해?

집이 경매에 넘어간다고 친절히 연락해 주는 집주인은 드물다. 집주인은 당연히 경매를 짐작하고 있지만, 갑자기 법원에서 경매 통보를 받은 세입자의 심장은 쿵쿵거릴 것이다. 그런 일이 없기를 진심으로 바라지만, 만약 그렇게 되었다면 지금부터 집중하자! 호랑이 굴에 들어가도 정신만 바짝 차리면 된다. 경매의 모든 것을 다루려면 밤을 새울 만큼 케이스가 많기에 가까운 공인중개사무소, 경매 전문가, 변호사 또는 법무사로부터 조언을 받는 것이 좋다.

보증금을 돌려받기 위해 가장 중요한 두 가지가 있다. 첫째, 계약서, 전입신고, 확정일자를 꼼꼼히 확인하고 경매개시결정등기 전에 전입신고 유지, 확정일자 받은 계약서를 잘 보관하기이다. 혹시 임차권등기명령을 했다면 임차권등기말소는 절대 하면 안 된다. 경매가 끝날 때까지 전입신고를 옮기는 것도 절대 안 된다. 앞에서도 말했듯이, 점유＋전입신고＋확정일자는 보증금을 지키는 데 가장 중요한 3요소이다.

둘째는 배당요구종기일까지 법원에 배당요구 하기이다. 배당요구는 '내 보증금을 돌려주세요!'라고 의사표시 하는 것이다. '권리 위에 잠자는 자 보호받지 못한다'는 말이 있다. 권리를 행사하지 않으면 법의 보호를 받을 수 없다. 배당요구를 하지 않는다면, 보증금을 돌려주지 않는다.

대한민국법원 법원경매정보(https://www.courtauction.go.kr)에서 경매 사건에 대해 확인할 수 있다. 경매 절차나 배당에 대해 잘 모른다면, 관할 법원 담당 경매계에 전화해서 물어봐도 괜찮다.

집이 경매에 넘어갔던 은주 씨에게 경매 진행 중에 월세를 연체하면 조금이나마 손실을 줄일 수 있다고 일러주었다. 1달에 50만 원씩, 1년이면 무려 6백만 원이다. 경매가 진행되면, 집주인은 월세 연체를 사유로 계약을 해지할 상황조차 되지 않는다. 단, 관리비와 공과금까지 연체하면 전기, 수도까지 사용할 수 없으니 참고하자.

낙찰되면 집을 바로 비워 줘야 할까?

그렇지 않다. 매각결정, 대금납부, 인도명령까지 어느 정도의 시간을 벌 수 있다. 낙찰자는 매각 대금을 납부한 날부터 은행 대출이자 등 비용이 발생하기 때문에 세입자가 빨리 나갔으면 좋겠지만, 세입자는 배당금을 확인하고 이사할 집, 이삿짐 업체를 알아보는 시간도 필요하다. 낙찰자가 매각대금을 내고 인도명령을 신청하면 법원에서 집을 인도하라고 명한다. 이때 낙찰자나 그 대리인이 이사 일 협의를 위해 연락해 올 것이다. 그쪽에서는 서두르겠지만, 세입자 쪽에서는 정리할 시간을 요구하고 받아낼 수 있다.

경매로 보증금이 손실되었다면, 낙찰자에게 이사 비용을 받을 수도 있다. 적정선에는 서로의 온도 차이가 있지만, 세입자가 빨리 나가면 아낄 수 있는 이자 비용, 강제집행 비용과 비교해 낮은 수준이라면 받아들여진다. 낙찰자도 입찰 전에 미리 명도비용까지 책정을 하고 경매에 참가하고, 소송으로 가면 명도 기간이 길어지니 원만한 해결을 바란다. 서두를 필요도 없지만, 굳이 다투고 끝까지 가면 강제집행으로 진행될 수 있으니 이사 일과 이사 비용을 잘 협의해 보자. 이사 비용과 날짜까지 합의되면, 이사할 집도 알아보고 이사 준비를 하면 된다. 배당 받을 금액이 있다면, 낙찰자와 명도확인서를 작성하고 퇴실하면 된다.

배당 시 필요한 서류

1. 확정일자 확인할 수 있는 임대차 계약서 원본

2. 신분증

3. 인감증명서(3개월 이내 발급)

4. 주민등록초본(과거 주소 이력 나오게)

5. 명도확인서 및 매수인(낙찰자) 인감증명서

참고로 전세 사기 피해자 지원 및 주거 안정에 관한 특별법에 따라 임차인의 경매유예 및 우선매수신청이 가능하다. 경매가 완료되어 보증금을 받지 못하고 퇴거하게 되면 공공임대주택에 일정 기간 무상으로 거주할 수 있는 등 계속해서 전세 사기에 대한 대책이 나오고 있으니 주목해 보자.

세입자가 ○○○○ 하지 않으면
보증금 전액을 못 받는다?

집주인이 집을 고쳐 놓고 나가라고 한다

임대차 계약이 종료되면, 세입자는 입주 당시 상태로 부동산을 반환해야
한다. 이것을 '원상회복'이라고 한다. 원상회복의무는 주로 인테리어 및
시설공사가 필수인 상가임대차에서 빈번하게 다뤄지는 주제다. 주택임
대차에서는 상대적으로 그 범위나 비용이 적은 편이나, 원상회복비용을
공제하고 보증금을 돌려주는 일도 있으니 살펴보자.

가능한 범위를 입주할 때 미리 확인하자

입주해서 못을 박아도 괜찮을까? 벽걸이 TV, 에어컨 설치로 벽에 큰
구멍을 뚫는 건 될까? 커튼, 블라인드 설치는 해도 될까? 사실 어디까지

가 훼손인지 명확한 지침은 없다. 그렇다 보니 세입자들은 못 하나 박는 것도 마음이 편치 않다.

"내 집에 구멍을 내는 것은 절대 안 돼!" 하는 특이한 집주인도 간혹 있기는 하지만, 대부분 못 박기, 커튼 설치와 같이 생활에 꼭 필요한 경미한 손상은 이해하고 넘어가는 것이 관례다. 하지만 타공, 기존 시설물의 변경이 필요한 벽걸이TV, 에어컨 설치, 식기세척기 설치 등은 미리 집주인의 협조와 양해를 구하는 것이 현명하다. 안전하게 보증금을 돌려받기 위한 과정이라고 생각한다.

반려동물, 흡연자는 집을 고쳐 주어야 한다?

대체로 세대수가 많고 비슷한 면적의 집이 함께 모여 사는 집합건물은 흡연, 반려동물 관련 민원이 끊임없이 발생한다. 담배 연기와 반려동물의 배설물은 분쟁의 단골 소재로, 벽지 오염, 바닥 파손의 원인이 되기도 한다. 그래서 계약서 특약 사항에 흡연 및 반려동물 금지에 대해 명시하도록 요구하는 집주인이 늘고 있다. 이와 관련해서 손해가 발생하면 퇴거나 손해배상을 요구하기도 한다.

원상회복의 범위는?

그렇다면 입주 당시의 상태와 완벽히 똑같아야 할까? 그렇지는 않다. 아무래도 오랜 기간 살다 보면 처음과 같지 않은 것은 어쩌면 당연하지 않을까? 일상생활 중에 발생한 경미한 긁힘이나 사용감은 용인된다. 세월이 가며 때가 타고, 사용하다가 어쩔 수 없이 생기는 흠집은 지극히 자연스러운 것이기 때문이다.

반면에 벽이 깨지거나, 바닥이 패었거나, 벽지가 찢어졌거나, 문이 박살 났거나, 뭐 한눈에 봐도 심각한 것들은 원상회복이 필수다. 고의가 아니었다고 해도 마찬가지다. 그래야 다음 세입자가 정상적으로 사용할 수 있기 때문이다. 만약 끝까지 원래 상태로 바로잡지 못했다면, 집주인이 원상회복비용을 공제하고 보증금을 돌려주게 된다.

그러나 내가 고장 낸 것도 아닌데 수리 비용을 빼면 너무 억울하지 않을까? 그러니 고장난 것이 있다면, 즉시 집주인에게 연락해 해결하자. 혹시 수리하지 않고 살기로 합의했다면 나중에 책임을 묻지 않겠다는 약속을 받아두는 것도 괜찮다. 그리고 그 내용을 사진, 전화, 문자로 보관하자.

퇴실할 때 보증금과 함께
돌려받아야 할 돈

이것저것 꼼꼼히 챙겼는데 하나씩 빠트리기도 하고, 정작 넣지 말아야할 것은 이삿짐에 실어버렸다. 여기저기 돈 계산할 것도 많은데 계산기두드릴 때마다 왜 자꾸만 다른 금액이 나오는지. 마음만 급한데 내 계획처럼 신속, 정확하게 일이 되지 않아 진땀 나던 경험, 그래서 번거롭게같은 일을 몇 번씩 처리하고 또다시 확인하는 어수선한 날. 바로 퇴실일이다.

그래도 몇 년을 정들어 산 집인데 막상 비우고 나니 서운한 마음이 든다. 마지막 날이니 정산하고 인수인계도 해야 한다. 에어컨 리모컨, 카드키, 주차장 키, 각종 사용 설명서 등은 짐에 섞이지 않도록 따로 담아 남겨 둔다. 퇴실할 때 줄 것은 주고, 받을 것은 분명히 챙겨 받는다.
이제 알아두면 도움이 되는, 돌려받을 돈에 관해 이야기해 보자.

장기수선충당금 받기

"혹시 장기수선충당금이라고 알아?"

아파트, 오피스텔에 살고 있는 여러 지인에게 물어보았는데, 대부분 모른다고 했다. 공동주택에서는 '장기수선계획'이라는 것을 세운다. 건물이 노후되어 낡고 부서질 때를 대비하여 수리 비용을 모으는 것이다. 관리비 고지서를 살펴보면 어렵지 않게 찾을 수 있다.

장기수선충당금은 3백 세대 이상 또는 엘리베이터가 설치된 아파트, 오피스텔, 도시형생활주택에 부과된다. 원래 소유자가 내야 하지만, 관리비와 함께 부과되기 때문에 세입자가 먼저 납부한다. 그래서 이사 2~3일 전, 관리사무실에 장기수선충당금 확인서를 요구한 후 집주인에게 보증금과 함께 반환을 요청한다. 다세대, 다가구 주택은 별도로 장기수선충당금이 없는 경우가 많다.

선수관리비, 선납한 월세

관리비 연체를 방지하고자 '선수관리비'를 받는 곳도 있다. 관리비의 보증금이라고 이해하면 쉽다. 입주 때 납부하였다면, 관리실에 들러 선수관리비를 반환 받는다. 매월 선불로 월세를 납부했다면 계약 종료 시점에 맞춰 초과한 월세는 없는지 계산해 본다. 선납된 월 차임은 일할 계산하여 집주인에게 돌려받는다.

필요비

주택의 하자를 수리하고 비용을 지불한 게 있다면 당연히 돌려받아야한다. 합의되지 않은 수리비로 인한 갈등은 흔한 일이다. 그러니 집을 손보기 전, 집주인과 대화는 필수다. 문자 메시지와 수리비 영수증을 잘 보관하자. 퇴실 과정이 감정 소모 없이 매끄러워진다.

기타 비용

카드 키, 주차장 키의 예치금을 납부했다면, 키를 반납하고 돈을 돌려받는다. 수도, 전기, 가스 등 공과금과 관리비는 사용량을 계산해 납부한다. 공인중개사사무소나 관리실에서 정산해 주는 경우도 있다. 사용하지 않은 공과금, 관리비가 인출되지 않도록 꼭! 자동이체 신청을 해지한다.

공 과 금 등 정 산 서

[물건소재지]

[정 산 내 역]

1. 관리비.

관리비 정산액(관리사무소 확인분)		₩0

2. 가스요금.

검침 수치	정산 사용량	정산기간	정산금액
	0		₩0

3. 전기요금.

검침 수치	정산 사용량	정산기간	정산금액
	0		₩0

4. 수도요금.

검침 수치	정산 사용량	정산기간	정산금액
	0		₩0

5. 장기수선충당금.

납입 기간	납입 개월수	월납입액	정산금액
	0	0	₩0

6. 기타사항

	₩0

7. 정산총액

정산총액	정산내역	

[기 타 사 항]

[담당자] 02-540-6800

발행일 :   -   -

KAR 한국공인중개사협회

▲ [공과금 등 정산서: 공인중개사협회]

운전면허증을 따고 처음 도로에 나가 운전하던 날이었다. 자동차전용
도로에서 고작 30~40km의 속도로 기어가고 있었는데, 엑셀 위에 올려
둔 오른발이 어찌나 덜덜 떨리던지… 주차는 더 어려웠다. 스무 번을 넘
게 앞으로 뒤로 왔다갔다해 봤지만, 제자리였다는 건 우리 가족만 아는
비밀이다. 참으로 오래 전 일인데도 나는 그때의 떨림이 어제 일처럼 생
생하다. 그 즈음이었던 것 같다. 구불거리는 골목 끝, 저렴한 월셋집을
보러 온 세입자가 있었다. 그는 먼저 차에서 내리더니, 초보 운전 중개사
인 내가 안전하게 주차할 수 있도록 뒤를 봐주었다. 덕분에 나는 비좁은
공간에 무사히 주차할 수 있었다. 그는 나의 주차를, 나는 그의 계약을
도왔다.

나 역시 세입자로 살며 모든 것이 두렵고 불안했었다. 누수 때문에 천
장에 물이 고이고, 벽지가 곰팡이로 뒤덮였지만 집주인이 무서워 말하지
못하였다. 보증금을 올려달라고 할 때마다 이사를 했고, 집주인과 한 건
물에 살았을 때는 발소리만 들어도 우리집에 오는 것은 아닌지 걱정했었

다. 지금은 훨씬 집주인과 세입자의 관계가 대등해졌지만, 예전에는 숨소리조차(?) 조심하던 시기가 있었다.

이 책을 마무리하는 지금, 나는 소망한다. 초보 운전자인 나를 도와준 세입자의 손길처럼 '초보 세입자 독자들'에게 든든하고 따뜻한 편지로 읽혔으면 좋겠다. 내게 운전이 그랬듯, 초보란 다 그렇게 시작하는 거라고. 서툴더라도 지금부터 알아가면 된다고 말해주고 싶다. 영원한 초보자란 없다. 결국 내가 매일 운전하며, 베테랑 드라이버가 된 것처럼 말이다.

잘못된 사회 구조와 취약한 정책으로 많은 세입자가 고통받는 현실은 부동산을 다루는 직업인 나에게도 큰 걱정이다. 마치 최전방을 지키는 군인이 경계를 게을리해서는 안 될 것처럼 말이다. 그럼에도 불구하고 우리 모두 용기를 갖고, 이 시기를 잘 넘겨보았으면 좋겠다. 더욱 단단히 무장하여 다시는 손해보는 일이 없도록 부디 스스로를 지키기를 바란다.

'부자 되는 법' 같은 자극적인 소재가 아니라서, 지켜내야 할 보증금과 권리에 대해 세입자들이 흥미를 가져줄까? 하는 생각을 수백 번 했다. 그럼에도 방향성을 잃지 말라는 가족의 격려, 재미있다고 손뼉 쳐주던 친구의 응원 그리고 세상에 꼭 나와야 할 책이라며 손 내밀어준 비전비엔피 팀장님이 있었기에 여기까지 올 수 있었다. 이 자리를 빌려 모두에게 감사를 전한다.

특약 사항이 필요한 이유와 꼭 써야 할 특약 문구!

"구두상 약속으로도 충분한데, 굳이 특약 사항을 써야 하나요?"

서로 믿고 약속을 잘 지킨다면 말로도 충분하다. 그러나 일방이 신뢰를 저버리거나, 서로 의도한 바가 달라 분쟁이 생기면 그 약속을 입증할 수도 없거니와, 끝까지 실행해달라고 요구하기가 어렵다.

무릇 사람이란 화장실 갈 때 다르고 나올 때 다르다고 하지 않던가. 계약금을 입금하기 전에, 내 요구가 먹히지 않는 시점이 되기전에 약속을 단단히 하기 위해 특약을 적어달라고 이야기하자. 해 준다고 약속했으니 그냥 믿으라고? 믿는 도끼에 발등이 찍히는 걸 너무 많이 보았다. 결국은 포기하는 게 다반사고, 소송으로 가는 경우도 더러 있었다. 어차피 지킬 약속이라면 하나하나 다 적는 게 뭐가 그리 어려울까?

계약서는 유치할수록, 디테일 할수록 좋다. 쓸 때는 귀찮지만, 살면서 다툴 일이 줄어들기 때문이다. 특약 사항을 들여다보면, 주로 임대인 위주로 치우친 내용이 많다. 아무래도 계약을 많이 해본 임대인들이 계약서 쓸 때 이것저것 적어달라고 요구하는 편이다. 임차인들은 상대적으로 경험이 없다 보니 누군가 알려주면 좋겠다 싶어 임차인에게 유리한 내용만을 모아봤다. 각자 상황에 맞게 골라 쓰면 되니 계약일에 잘 활용했으면 좋겠다.

임차인의 보증금 보호를 위한 특약

1. 임대인은 임차인이 전입신고하고 확정일자를 받은 다음날까지 저당권 등 담보권을 설정하지 않는다. 만약 임대인이 위반할 경우 임차인은 계약을 해제할 수 있고, 임대인은 즉시 보증금을 반환한다.

2. 임차인은 전세보증보험 가입이 불가할 경우 본 계약을 해제할 수 있으며, 임대인은 조건 없이 계약금을 반환하여야 한다.

3. 임차인의 귀책 없이 임대인 또는 본 주택의 하자로 인해 보증보험 가입 거절 또는 전세자금대출이 불가능할 경우 임차인은 계약을 해제할 수 있고, 임대인은 계약금을 즉시 반환한다.

4. 임대인이 고지한 본 다가구주택의 선순위 보증금, 지방세, 국세 납부현황이 사실과 다를 경우 본 계약은 무효로 하며, 임대인은 임차인에게 보증금을 즉시 반환한다.

5. 임대인은 잔금일까지 대출을 상환하고 근저당을 말소하기로 한다. 임대인의 사정으로 근저당을 말소할 수 없는 경우 임대인은 보증금을 반환하여야 한다.

6. 임대차 계약 기간 중 임대인이 본 주택을 매매하게 되면 임차인에게 즉시 이 사실을 고지한다. 또한 임차인은 본 주택 매매로 인하여 계약의 해지를 요구할 수 있고 임대인은 즉시 보증금을 반환하여야 한다.

7. 임대인은 임차인에게 본 주택의 확정일자 부여 현황, 전입세대 확인서, 국세 및 지방세 체납 정보를 잔금일까지 제공하여야 한다.

8. 임대인은 잔금일에 ○○은행 근저당 1억 원을 전액상환하고 말소하기로 하며 임차인에게 대출금 상환 확인서를 제공한다. 이를 이행하지 않을 시 임대인은 임차인에게 보증금 전액을 반환하여야 한다.

임대인의 협조를 구하는 특약

1. 임대인은 임차인의 전세자금대출 절차에 적극 협조한다.

2. 계약일로부터 2주가 경과하지 않았다면, 임차인은 전세자금대출이 불가함을 이유로 본 계약을 위약금 없이 해제할 수 있다.

3. 임대인은 전세권 설정 등기에 동의하며 협조하기로 한다.(전세권 등기 설정 시, 등기 및 법무사 선임비용은 집주인과 협의하여 적는다.)

4. 임대인은 전세보증보험에 가입한다.(임대인이 주택임대사업자일 경우)

하자 수리에 관한 특약

1. 임대인은 잔금일까지 도배, 장판 및 ○○부분의 하자 수리를 한다.

2. 임대인은 잔금일까지 보일러 수리 및 도어락을 교체한다.

3. 옵션은 세탁기, 냉장고, 에어컨이며 노후로 인한 고장의 경우 임대인이 수리하며, 고의 파손의 경우 임차인이 수리하기로 한다.

위반 건축물, 대리인 관련 특약

1. 임대인은 잔금일까지 위반 건축 사항을 해제한다.

2. 임차인의 거주기간동안 위반 건축 사항에 대한 이행강제금은 임대 인이 부담한다.(위반 건축물 해제가 안될 경우)

3. 대리인과의 계약으로 잔금일까지 임대인의 인감날인한 위임장과 인감증명서를 첨부한다.(계약일에 위임장, 인감증명서를 확인해주 지 않은 경우)

합의된 사항에 대한 특약

1. 계약금은 2천만 원이며 계약일인 2025년 01월 01일에 보증금의 5%인 1천만 원을 송금하고, 2025년 01월 09일에 나머지 5%인 1 천만 원을 송금하기로 한다.(세입자가 계약금이 부족할 경우, 나눠 서 낼 수 있도록 합의할 수 있다.)

2. 임대인은 임차인이 반려동물과 거주하는 것에 대하여 승낙하기로 한다.

3. 임대인과 임차인은 협의에 따라 잔금일을 변경할 수 있다.

4. 당사자간 협의에 따라 ○○○상황이 발생된 경우 임대인과 임차인 은 본 계약을 위약금 없이 해제할 수 있다.

5. 관리비와 공과금은 잔금일 이전에는 임대인이, 잔금일 이후에는 임 차인이 부담한다.

내 집 좀 구해주세요

초판 1쇄 인쇄 2024년 12월 10일
초판 1쇄 발행 2024년 12월 23일

지은이 김지영
펴낸이 이범상
펴낸곳 (주)비전비엔피 · 이덴슬리벨

책임편집 한윤지
기획편집 차재호 김승희 김혜경 박성아 신은정
디자인 이기숙
마케팅 이성호 이병준 문세희
전자책 김성화 김희정 안상희 김낙기
관리 이다정

주소 우)04034 서울특별시 마포구 잔다리로7길 12 (서교동)
전화 02)338-2411 | **팩스** 02)338-2413
홈페이지 www.visionbp.co.kr
인스타그램 www.instagram.com/visionbnp
포스트 post.naver.com/visioncorea
이메일 visioncorea@naver.com
원고투고 editor@visionbp.co.kr

등록번호 제313-2009-000096호

ISBN 979-11-91937-51-0 13320